図解 よくわかる

自治体の地域防災・危機管理のしくみ

内閣府・地区防災計画アドバイザリーボード委員

鍵屋 一［著］

学陽書房

はしがき

　本書は、自治体職員や地域防災に関心のある方に向けて、地域防災、自治体防災の全体像をわかりやすく示すことを狙いとしています。地域住民や自治体職員のみなさまが、最初に防災に取り組もうとするとき、また、防災計画や対策を見直すときに参考にしていただければ幸いです。

　図解本の特徴を生かして、「右ページ上部のポイントを読む」→「左ページの図表を見る」ことでイメージをつかみやすくしたのが特色です。

　本書は、『図解よくわかる自治体の防災・危機管理のしくみ』の3度目の改訂（改題新版）になります。最初は2003年9月に発行されました。私が自治体の防災課長だった2003年当時、自治体職員向けの基本的な防災・危機管理のテキストがないことから、蛮勇を振り絞って書いたことを覚えています。そして、東日本大震災の発生。もっと実践的なものにしたいという思いで内容を刷新し、2011年8月に改訂発行されました。

　東日本大震災発生から8年が経過しましたが、その後も災害が猛威を奮い続けています。地震では熊本地震、鳥取中部地震、大阪府北部地震、胆振東部地震が発生し、関東東北豪雨、九州北部豪雨、西日本豪雨災害など大きな水災害も毎年のように発生しています。今後、南海トラフ地震や首都直下地震などの国難災害、大規模な水災害が懸念されています。

　そこで、防災マネジメントの考え方や「地区防災計画」制度の解説を新たに加えて大幅に改訂しました。自治体主導の地域防災から住民主導の地域防災への転換が待ったなしになったからです。このため「地域」の言葉を入れて『図解よくわかる自治体の地域防災・危機管理のしくみ』と改題しています。もっとも、耐震化や災害時要配慮者などの重要政策や、マニュアル、訓練などの実践的対策は

内容を精査して残しています。

　災害の大小は、外力×暴露量×脆弱性で決まります。外力とはたとえば地震の大きさや津波の高さ、大雨の量など災害をもたらすきっかけとなるものです。暴露量はその外力にさらされる人口、施設、建物などです。そして、脆弱性はたとえば災害時要配慮者が多い、地域のつながりが弱い、自治体職員数が少ないなどです。

　そして、確実にいえることは、日本社会はどんどん脆弱になっていることです。たとえば1995年の阪神・淡路大震災時に比べ、2018年には75歳以上の高齢者が2.4倍に増えたのに対し、近所付き合いが弱くなり、町会・自治会への参加は少なくなり、消防団は1割も減少し、自治体職員は50万人以上16％も減少しています。

　では、どうすれば良いのでしょうか。本書は、その問いにいくばくかの答えを提供するものです。第1に地区防災計画などの住民主導のガバナンス型防災に舵を切ることです。第2に、防災マネジメントを活用した選択と集中により効果的に地域防災を進めることです。第3に、絶対に必要な防災対策、たとえば耐震化、災害時要配慮者支援、防災教育について徹底的に進めることです。

　今後、国難災害や大規模な水災害が発生したとき、国民は自らの命を人任せにして良いのでしょうか。まずは、一人ひとりの国民が防災をわが事と考え、自らを守る意識を高めることが重要です。そして自分の力だけでは避難や対策が難しい人に対しては、地域で自主防災組織や福祉関係者等が連携して共助力を高めましょう。それを住民任せにするのでなく、自治体や政府が強力に支援することが不可欠です。同時に、組織力を生かして、縦割りでなく効果的に連携して災害予防、応急対応、復旧復興を公助で後押しします。それが、今、求められています。私たちは、国難災害前夜を生きているのです。

2019年6月

鍵屋　一

図解 よくわかる自治体の地域防災・危機管理のしくみ

目次

はしがき

1章　防災・危機管理の基本 —防災マネジメント—
　1　災害とは ……………………………………………………… 10
　2　防災・危機管理とは ………………………………………… 12
　3　防災の基本理念 ……………………………………………… 14
　4　防災マネジメントとは ……………………………………… 16

2章　ハザードと地域社会の脆弱性
　1　押し寄せる大地震の危機 …………………………………… 20
　2　津波 …………………………………………………………… 22
　3　大雨・洪水・土砂・土石流 ………………………………… 24
　4　原子力 ………………………………………………………… 26
　5　防災の正四面体 ……………………………………………… 28
　6　災害に弱い社会(1)　高齢化と単身化 …………………… 30
　7　災害に弱い社会(2)　共助・公助の弱体化 ……………… 32

3章　地域防災計画と事業継続計画（BCP）
　1　計画の目的 …………………………………………………… 36
　2　計画の全体像 ………………………………………………… 38
　3　総則 …………………………………………………………… 40
　4　被害抑止 ……………………………………………………… 42
　5　災害対応準備 ………………………………………………… 44
　6　警報避難 ……………………………………………………… 46
　7　自治体の応急対策 …………………………………………… 48
　8　住民の応急対策 ……………………………………………… 50

9	生活の復興 ……………………………………………	52
10	都市の復興 ……………………………………………	54
11	地域防災計画の課題（土木学会）………………………	56
12	市区町村の業務継続計画（BCP）………………………	58
13	受援計画と応援計画 …………………………………	60

4章　地区防災計画とコミュニティ

1	計画の目的 ……………………………………………	64
2	地区防災計画の特徴 …………………………………	66
3	地区防災計画の作成方法（1）………………………	68
4	地区防災計画の作成方法（2）ワークショップで計画化 ………	70
5	地区防災計画の作成方法（3）運用管理 ………………	72
6	地区防災計画の効果 …………………………………	74
7	地区防災計画事例（1）津波浸水区域 …………………	76
8	地区防災計画事例（2）都市マンション ………………	78
9	地区防災計画事例（3）企業と地区の共同計画 ………	80
10	地区防災計画事例（4）住民主体で事前復興計画 ……	82
11	関東大震災と神田和泉町・佐久間町 …………………	84

5章　命を守る耐震

1	耐震の重要性 …………………………………………	88
2	耐震の効果 ……………………………………………	90
3	住宅の耐震性 …………………………………………	92
4	耐震化普及方策（1）民間活用（保険、ローン、リバース・モゲージ）	94
5	耐震化普及方策（2）行政活用（補助金、税、PR）……	96
6	総合的な耐震化推進対策 ……………………………	98
7	経済効果 ………………………………………………	100

6章　災害時要配慮者の支援

1. 要配慮者と支援計画 ･････････････････････････････････ 104
2. 要配慮者避難支援プラン全体計画 ･････････････････････ 106
3. 要配慮者情報と個人情報保護 ･････････････････････････ 108
4. 要配慮者情報の管理（要配慮者マップ）･･･････････････ 110
5. 安全と安心の確保 ･･･････････････････････････････････ 112
6. 要配慮者の自立支援 ･････････････････････････････････ 114
7. 福祉施設の防災計画 ･････････････････････････････････ 116

7章　役に立つマニュアルづくり

1. 応急対応マニュアルとは ･････････････････････････････ 120
2. マニュアルの種類 ･･･････････････････････････････････ 122
3. 災害対策本部 ･･･････････････････････････････････････ 124
4. 情報収集・共有化 ･･･････････････････････････････････ 126
5. 救出・医療・救護 ･･･････････････････････････････････ 128
6. 避難所、福祉避難所 ･････････････････････････････････ 130
7. 食料、水、生活必需品の供給 ･････････････････････････ 132
8. 遺体、埋火葬 ･･･････････････････････････････････････ 134
9. ボランティアの受け入れ・支援 ･･･････････････････････ 136

8章　実践的な防災教育・訓練

1. 基礎的訓練 ･･･ 140
2. 応用訓練 ･･･ 142
3. 防災教育（1）（災害イメージの伝達）･････････････････ 144
4. 防災教育（2）（危機管理）･･･････････････････････････ 146
5. 防災教育（3）（避難の3原則）･･･････････････････････ 148
6. 市区町村の図上訓練 ･････････････････････････････････ 150
7. 広域行政の図上訓練 ･････････････････････････････････ 152

9章　防災条例
　　1　自治事務と条例化 …………………………………………… 156
　　2　条例の効果（組織、予算、制度）………………………… 158
　　3　条例制定の手順 ……………………………………………… 160
　　4　条例の内容 …………………………………………………… 162
　　5　条例に基づく施策化 ………………………………………… 164
人こそ防災推進のエンジン〜おわりに代えて……………………… 167

【資　料】
わが家の防災スタートブック………………………………………… 170
図表出所一覧…………………………………………………………… 172
主な参考文献…………………………………………………………… 173

① 防災・危機管理の基本

―防災マネジメント―

1-1 災害とは

自然災害	人為的災害

1 地震

2 津波

3 台風・豪雨

4 噴火

5 その他

1 事故（偶然性が強い）

- 大規模な火災

- 地下鉄火災

- 原子力事故

2 事件（故意性）

- NBC テロ

- 暴動

ポイント

災害対策基本法、政令などでは、災害とは、以下のものをいいます。①暴風、豪雨、豪雪、洪水、高潮、地震、津波、噴火その他の異常な自然現象、②大規模な火事、爆発、放射性物質の大量放出、テロ事件に起因する被害など大規模な事故・事件。つまり、災害は①の自然災害、②の人為的災害に分かれます。

1 災害の定義

災害の定義は、法律によってそれぞれ違います。たとえば、災害対策基本法では、自然災害に大規模な事故・事件とを含みますが、公共土木施設災害復旧事業費国庫負担法では、自然災害のみを対象としています。また、公立学校施設災害復旧費国庫負担法では、自然現象によって生じる災害だけでなく火災などの人為的災害も含みます。

2 自然災害

暴風、豪雨、豪雪、洪水、高潮、地震、津波、噴火のほかに、冷害、干害、雹害、霜害、旋風、地滑り、山崩れ、がけ崩れ、土地の隆起・沈降などがあります。

3 人為的災害

人為的災害は、大きく事故と事件とに分かれます。

偶然性の強い事故には、大規模な火事、爆発、放射性物質の大量放出のほかに、列車の転覆、航空機の墜落、大型客船の転覆、タンカーなどからの大量の油流出、地下鉄の火災などがあります。

故意に起こす事件としては、NBCテロや暴動があげられます。

4 災害の規模

災害対策基本法の対象となる災害については、定量的に決まっているわけではなく、国民の生命、身体、財産に相当程度の被害が生じるような場合を想定しています。

また、災害救助法の対象となる災害とは、5,000人未満の市区町村では30世帯以上、5,000人から1万5,000人未満では40世帯と規模によって変わり、30万人以上では150世帯以上の住家が滅失する場合をいいます。

1-2 防災・危機管理とは

防災・危機管理の構成要素

危機管理
1 準備
2 緊急対応
3 収束

防　災
1 災害予防
2 災害応急対策
3 災害復旧・復興

自然災害、大規模な事件・事故から住民の生命、自由、財産を守る

人口減少、財政悪化、感染症、企業転出、犯罪、職員の不祥事など多様な危機

　防災とは一般に災害予防、災害応急を指しますが、災害対策基本法では災害復旧を含めて考えます。近年は、復旧だけではなく復興までを含むという考え方が多くなっています。
　危機管理の要素は、「準備」「緊急対応」「収束」の3つです。大きな危機の緊急対応では、マスコミ対応が特に重要です。

1　防災の要素

　防災とは、通常使うときには、災害予防及び災害応急対策の意味で使われます。災害対策基本法ではこれに災害復旧も含めてより広く考えています。さらに、近年の地域防災計画では災害後に元の状態に戻す「復旧」だけではなく、新たにより良い社会を創るという意味で「復興」までを含むことも多くなっています。

2　危機管理の要素

　危機管理は時系列で「準備」「緊急対応」「収束」の3つのステージがあります。

(1) 準備

　危機管理の要諦は準備にあります。準備の要素は「予測」、「備え」、「点検・訓練」の3つです。地域を襲う自然災害や、可能性の高い事件や事故を「予測」することは人生にとっても自治体にとっても必要です。

　危機の予測をした後はヒト、モノ、カネ、情報、仕組みなどの「備え」が必要です。備えの大小が自分や、被災者、行政職員を支援できるか、二次被害に追い込むかの分かれ道です。備えに実効性があるかどうかを点検するのが「点検・訓練」です。

(2) 緊急対応

　危機が発生してしまった場合、起きてしまったことはしかたないと頭を切り替え「いかに被害を少なくするか」を最優先に対応します。

　まずスピードが大切です。被害を少なくするためにはどうしたらよいかを考え、すぐに対策を実施します。次に、マスコミ対応です。マスコミは、住民の疑問、不安を取り上げて、住民に代わって質問します。ここで、納得できる説明ができれば、住民の信頼と協力を得ることができます。

(3) 収束

　緊急対応が過ぎて、平常時に戻る段階です。まず、危機の原因を究明します。システムの不備に基づくのか、明らかな判断の間違いがあったのか、これまでの緊急対応に不備がないかを点検します。次に、原因に応じて対策を検討し実施します。収束をきちんとすることで、さらに危機に強い組織、職員をつくることができます。

1-3 防災の基本理念

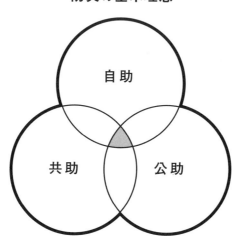

防災の基本理念

自助

共助　公助

災害前
ソフト・ハードの組合せ
不断の見返し

災害発生後
人命の保護
被災者の援護
迅速な復旧・復興

減災を進める

わが国の防災の基本理念は、災害対策基本法に制定されています。特に、防災対策を進めるうえで自助、共助、公助の考え方を重視しています。

災害対策基本法
（基本理念）
第二条の二　災害対策は、次に掲げる事項を基本理念として行われるものとする。
　一　我が国の自然的特性に鑑み、人口、産業その他の社会経済情勢の変化を踏まえ、災害の発生を常に想定するとともに、災害が発生した場合における被害の最小化及びその迅速な回復を図ること。
⇒総論としての減災の考え方

　二　国、地方公共団体及びその他の公共機関の適切な役割分担及び相互の連携協力を確保するとともに、これと併せて、住民一人一人が自ら行う防災活動及び自主防災組織（住民の隣保協同の精神に基づく自発的な防災組織をいう。以下同じ。）その他の地域における多様な主体が自発的に行う防災活動を促進すること。
⇒自助、共助、公助の考え方

　三　災害に備えるための措置を適切に組み合わせて一体的に講ずること並びに科学的知見及び過去の災害から得られた教訓を踏まえて絶えず改善を図ること。
⇒ソフト、ハードの組み合わせと不断の見直し

　四　災害の発生直後その他必要な情報を収集することが困難なときであっても、できる限り的確に災害の状況を把握し、これに基づき人材、物資その他の必要な資源を適切に配分することにより、人の生命及び身体を最も優先して保護すること。
⇒資源の最適配分による人命の保護

　五　被災者による主体的な取組を阻害することのないよう配慮しつつ、被災者の年齢、性別、障害の有無その他の被災者の事情を踏まえ、その時期に応じて適切に被災者を援護すること。
⇒被災者の援護

　六　災害が発生したときは、速やかに、施設の復旧及び被災者の援護を図り、災害からの復興を図ること。
⇒速やかな復旧と復興

1-4 防災マネジメントとは

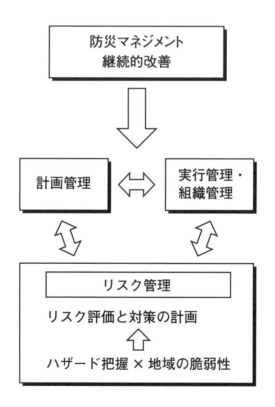

防災は計画作成、訓練、点検・見直しを繰り返し、レベルを向上しなければなりません。このような地域全体の防災力を高める管理を防災マネジメントといいます。防災マネジメントは「リスク管理」、「計画管理」、「実行管理・組織管理」に分かれます。

1　防災マネジメントの中核
　自治体における防災マネジメントは、地域全体の防災力を上手に高めるための管理全般を指します。その中核は防災に関する「地域の災害リスク」、「法制度・計画」、「災害対策」、「組織運営」の要素です。

2　リスク管理
　「地域の災害リスク」を管理するのが「リスク管理」です。これは第一に、過去の災害履歴、ハザードマップなどでハザードを把握します。第二に、高齢化率や自主防災組織、消防団などの組織体制、防災訓練、備えの大小で地域社会の脆弱性を理解します。第三に、上記を踏まえてリスクを評価し、事前・事後の災害対策を計画し、継続的に改善を図るプロセスです。

3　計画管理
　「法制度・計画」を管理する「計画管理」は、リスク管理を通じて得られるリスク評価の結果や、災害経験を通じて得られる教訓等をもとに、災害に関する法規や計画等を策定・修正するなど、継続的に改善を図るプロセスです。

4　実行管理・組織管理
　「災害対策」、「組織運営」を管理する「実行管理・組織管理」は、平常時および災害時において、組織が決定した災害対策（被害抑止対策、災害対応準備対策、災害対応業務）を、平常時の業務や訓練、災害時での対応を通じて実行し、その進捗状況を評価し、継続的に改善を図るプロセスです。

② ハザードと地域社会の脆弱性

2-1 押し寄せる大地震の危機

日本列島をとりまく海域とプレート

地震調査委員会は地震の発生確率を発表しています。日本列島は全国どこでも震度6弱の地震に見舞われる可能性がありますが、より危険度の高いところが明らかになっています。特に、最悪で死者が32万人を超える南海トラフ地震、首都機能をマヒさせる首都直下地震は国難災害となるおそれがあります。

1　地震

　地震調査委員会は、2019年1月1日時点での活断層型地震と海溝型地震の発生確率を発表しています。根室沖（M7.8～M8.5程度）が30年で80％程度、50年以内で90％程度以上、宮城県沖（M7.0～M7.5程度）が30年で90％程度、茨城県沖（M7.0～M7.5程度）が30年で80％程度、南海トラフ（M8～M9程度）が30年で70％～80％程度、50年以内で90％程度もしくはそれ以上と発表しました。活断層型の地震は糸魚川―静岡構造線断層帯、日奈久断層帯、中央構造線断層帯、上町断層帯などがSランクとされています。

2　南海トラフ地震

　南海トラフ地震は100～200年おきに繰り返し起きています。最後に発生したのが1946年ですから、すでに70年以上が経過しています。

　静岡沖の駿河湾から九州の沖合までの広い領域で同時に発生した時もあれば、南海トラフの西側、東側で32時間後、2年後などまちまちに発生したこともあります。同時に発生する最悪のケースでは死者32万3000人、倒壊・焼失建物が238万6000棟という被害想定ですが、これに関連死、経済被害も考慮するとまさに国難災害です。

　2018年12月「南海トラフ沿いの異常な現象への防災対応検討ワーキンググループ」は、南海トラフの西側または東側でM8クラスの大規模地震が発生する「半割れ」のケースでは、被害のない残り半分の地域も避難するなど「最も警戒を要する期間」を1週間としました。

3　首都直下地震

　南関東はプレートが重なり合う地域で、歴史的には100年に4回～5回のM7級の直下地震が発生しますが、近年100年は1921、1922、1987年と3回に留まっています。被害想定は都心南部直下地震（M7.3）、夕方午後6時で風速8mの時、62万棟の焼失・倒壊、死者2万3千人とされています。これに関連死、首都機能マヒによる経済被害も考慮すると、これも国難災害となってしまいます。

2-2 津波

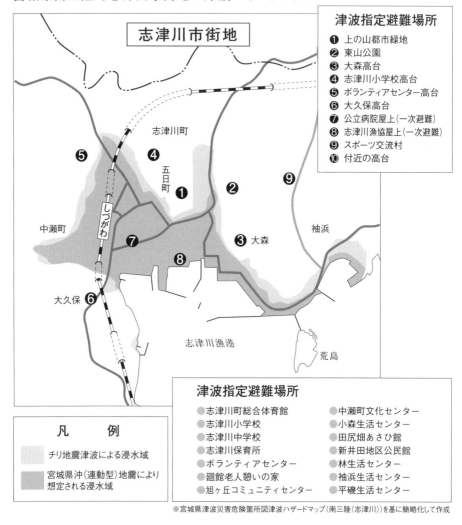

津波は、一般に海底の地下浅いところで地震が起こったときに発生し、巨大な水塊となって沿岸に押し寄せます。津波の被害を防ぐために、ハードとしての防潮堤を整備し、津波ハザードマップで早く安全な場所に避難するなどの対策がとられてきました。しかし、2011年3月11日の東日本大震災では想定外の大津波が発生し、直接死の95％程度が津波によるとされています。

1 津波の発生

海底の地下浅いところで地震が起こると海底が急激に隆起沈降します。すると海面も瞬時にほぼ同じ形で変動します。これが津波の発生です。津波の波長（波の山から山まで）は非常に長く数キロメートルから数百キロメートルに及び、それが巨大な水塊となって沿岸に押し寄せ陸地を駆け上がります。

2 防潮堤

有史以来、繰り返し津波に襲われた三陸地方では、各地に防潮堤が築かれました。宮古市田老地区は高さ10メートルの防潮堤により1960年のチリ地震津波を最小限に抑えています。しかし、東日本大震災の津波は、この防潮堤を超えて内陸部を襲い、またも大被害をもたらしました。なお、防潮堤が津波の力を一定程度弱めたという説もあります。

3 津波警報・注意報

気象庁は地震が発生すると最速2分以内に津波警報、注意報を発表します。高いところで3メートル以上の津波が予想される場合は大津波警報、1メートルから2メートル程度は津波警報、50センチメートル程度以下は津波注意報です。津波は最初の第1波が最大とは限らず、数十分〜1時間前後の間隔をおいて第2波、第3波がくることがあり、それらの津波が湾内で互いに共鳴して大きな津波となる場合があります。東日本大震災では、津波警報がすべて解除になるまで51時間あまりかかりました。

4 津波ハザードマップ

津波の予測浸水範囲や避難場所、避難方向などを1枚の地図にまとめたのが津波ハザードマップです。東日本大震災の被災地となった多くの自治体は、津波ハザードマップを作成し、避難場所を定めていました。これにより多くの方が助かった一方、その避難所までもが襲われたケースもありました。大津波では命を守ることを最優先に、できるだけ早く高いところに逃げるしかありません。

2-3 大雨・洪水・土砂・土石流

洪水ハザードマップの例
名古屋市西区枇杷島地区（庄内川左岸 河口から約15.0km）

水害被害額および水害密度等の推移（過去5年平均）

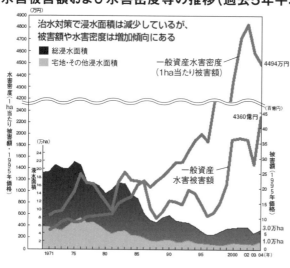

注）一般資産水害額および水害密度は営業停止損失を含む
(社)日本河川協会「河川事業概要2004」・国土交通省資料から作成

日本は、台風、梅雨前線の影響による豪雨などの大雨で洪水が発生しやすいアジアモンスーン地帯にあります。しかも、都市の中枢機能が河川氾濫や土砂災害の危険箇所に集中しているため、しばしば洪水で大被害を受けます。近年は、夏の集中豪雨で、都市のマンホールや側溝から水があふれたり、雨水が地下に染み込まずに道路などが冠水する内水氾濫も増えています。

1　治水の現状
　30年から40年に1回は起こるだろうという洪水に対して、大河川でさえ治水整備が終わっている地域は全体の半分程度しかありません。治水の長期目標は、大河川において「100年から200年に1回」発生する規模の降雨、洪水による氾濫被害を防ぐことを目標としていますが、目途は立っていません。

2　線状降水帯、ゲリラ豪雨
　線状降水帯とは、次々と発生する発達した積乱雲が、数時間にわたってほぼ同じ場所を通過または停滞して、線状に伸びて強い降水をともなう雨域です。2014年8月広島市の土砂災害、2015年9月関東・東北豪雨、2017年7月九州北部豪雨、2018年7月西日本豪雨をもたらしました。

3　ゲリラ豪雨
　都市部では狭い地域に短時間で多量の雨（時間雨量50ミリメートル以上）が降る集中豪雨、別名ゲリラ豪雨が多くなっています。一般に市街地における排水能力は時間雨量50ミリメートル前後であり、これを超えると内水氾濫（大きな河川の堤防の内側にある排水路などが溢れること）の可能性が高まります。

4　洪水ハザードマップと情報共有
　洪水時に住民の自主的な避難行動を促すために、洪水ハザードマップを作製する自治体が増えています。洪水ハザードマップとは、洪水に備えて、浸水が予想される危険区域、避難経路・避難場所などの情報をのせた地図です。地価が下がるなどと懸念されていましたが、住民の安全を第一に考えて、こういった命に関わる重要情報を住民と行政が共有して危機管理を進めるべきです。

2-4 原子力

原子力発電所安全確保のしくみ

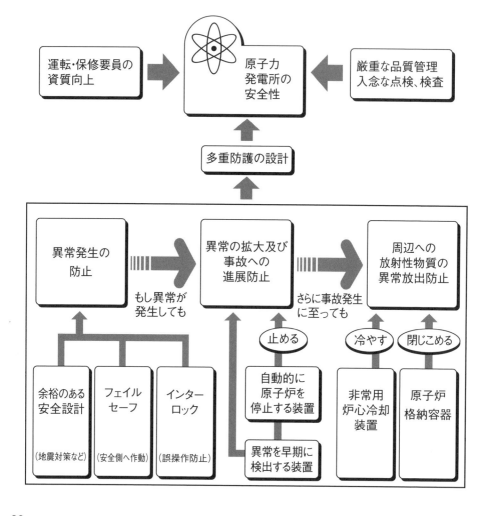

東北地方太平洋沖地震により、東京電力福島第一原子力発電所1～4号機で炉心溶融や建屋爆発事故などが連続して発生し、重大事故を引き起こしました。
2017年現在、同発電所1～6号機は廃炉の途上です。しかし、1～4号機の廃止措置は、使用済み核燃料を除去する必要があるため、見通しが立っていません。

1 福島第一原子力発電所事故

地震が発生したとき、運転中の原子炉がそれぞれ緊急停止しました。しかし直後に襲った15メートルもの大津波により、発電所はすべての電源を喪失し、炉心や貯蔵中の燃料棒を冷やす非常用冷却装置が作動しなくなりました。このため、炉内の核燃料の温度が上昇し、原子炉建屋の水素爆発や炉心溶融などが起こりました。原子炉爆発などの大事故を防ぐための注水作業などさまざまな対策が行われましたが、放射性物質は大気中、冷却水、土中に漏れ続けました。

2 住民の避難

事故を受けて、当初は発電所から半径2キロメートル以内の住民に避難指示が出されました。後に避難指示は20キロメートル圏内に拡大され、さらにその周辺に計画避難区域、緊急時避難準備区域が設定されました。避難住民は、近隣の市区町村や県外の避難所、公営住宅や民間住宅、親族との同居など避難生活を余儀なくされています。今後の生活復興が大きな課題となっています。

3 原子力の危機管理

事故前、原子力発電は日本のエネルギーの3分の1を支える重要な役割を果たしていましたが、大事故が起きた場合はきわめて危険性が高いことが明らかになりました。電気事業連合会は「過去の津波に係る調査や想定される津波について詳細な数値シミュレーション等を実施して津波に対する発電所の安全性を確認している」としていましたが、今回の事故は、直接には想定を超えた大津波による被害ですが、原子炉設計やリスクの想定、万一の事故対策などに課題があったと指摘されています。

2-5 防災の正四面体

防災の正四面体

自 助
（減災対策、家族情報、持ち出し品）

（新たな）共 助
（ボランティア、NPO、企業など）
⬇
協定

近 助（従来からの共助）
（近所、福祉、消防団、自主防災会など）
⬇
コミュニティ活動・防災訓練・「地区防災計画」

公 助
行政（国、自治体、警察、消防、自衛隊）、病院、学校など
⬇
防災計画、BCP、広域連携

防災の基本理念となっている自助、共助、公助ですが、どれも重要で欠かせないものです。中でも基盤となるのは自助で、自助が強くなればなるほど、共助、公助が効果を高めます。共助は、顔の見えるコミュニティの中での互助的な共助と、災害時に広く博愛的な精神で支援活動をする新たな共助とに分かれます。これと公助を合わせて、防災の主体は四面体で構成されています。

1 自助

　わが国の防災の基本理念の一つは、自助、共助、公助の考え方で防災対策を進めることです。自助が強ければ強いほど、共助や公助が効果を発揮します。反対に自助が弱ければ、共助や公助に負担がかかり、地域全体の防災力の向上が進まず、災害時の効果的な活動ができにくくなります。

2 （従来からの）共助

　共助は大きく二つに分かれます。一つは、町内会・自治会や学校区など「顔の見える範囲のコミュニティ」での支えあいです。一般的に共助といえば、これを指します。このコミュニティの共助の力を高め、効果的に活動するための計画が「地区防災計画」です。

3 （新たな）共助

　もう一つは、ボランティア、NPO、NGO、企業など、普段は接点がないけれども災害時に駆けつけてくれたり、大きな支援をしたりする（新たな）共助です。たとえば、水害で自宅が泥に浸かったときは、原則として被災者が自らその泥を撤去しなければなりません。しかし、高齢者の一人暮らしなどそれができない人が大勢います。そのとき、泥出しをしてくれるボランティアの力は非常に大きな力になっています。被災者の困窮をわが事のように考え、支援にあたる博愛的な活動です。

4 公助

　国、自治体、警察・消防・自衛隊・海上保安庁など行政機関やメディア、病院、学校などが行う防災活動です。災害直後の応急対応時には人や情報・資源不足に陥りすぐに効果的な活動を期待するのは困難です。復旧・復興時には、特にインフラ整備で最も重要な役割を果たします。

2-6 災害に弱い社会（1）高齢化と単身化

高齢化がどんどん進む！

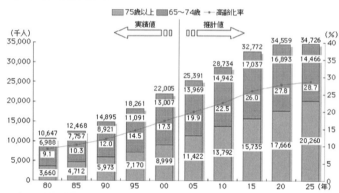

資料：2000年までは総務省「国勢調査」、2005年以降は国立社会保障・人口問題研究所「日本の将来推計人口」（2002年1月推計）
（注）高齢化率とは、総人口に占める65歳以上人口の割合を指す。

単身世帯がどんどん増える！

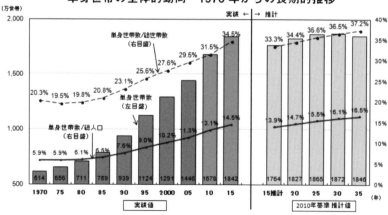

（資料）2015年までの実績値は、総務省「国勢調査」。2015年以降の「単身世帯数」「総世帯数の推計」は、国立社会保障・人口問題研究所編「日本の世帯数の将来推計（全国推計）」―2013年1月推計」。また、2015年以降の「総人口」の推計は、国立社会保障・人口問題研究所編「日本の将来推計人口（2012年1月推計）」（中位推計）。上記資料により、筆者作成。

出典：みずほ情報総研 藤森 克彦「単身急増社会」を考える『生活協同組合研究』2017年3月号（公益財団法人生協総合研究所発行）

ポイント 防災の主体の中で基盤となる自助ですが、わが国全体を見ると高齢化の著しい進行と単身世帯の増加により脆弱性が高まっています。特に医療や介護のニーズが急速に高まる75歳以上の後期高齢者人口は、1995年の阪神・淡路大震災時の717万人から2018年には約1750万人へとおよそ2.5倍に増加しています。

1 75歳以上人口の急増

わが国は急速に高齢化が進んでいます。特に75歳以上人口が増加の一途をたどっています。1995年の阪神・淡路大震災時には717万人でしたが、2017年には約1750万人とおよそ2.5倍に増えています。今後、さらに増加し、2065年には約2300万人になる見込みです。

2 単身世帯の急増

必ずしも別居しているとは限りませんが、単身世帯は増加を続けています。災害時には的確な判断と迅速な行動が必要ですが、特に高齢者、障がい者の単身世帯では家族の支えがないと被災する可能性が高くなります。

重点をおくべき対策

内閣府の「防災に関する世論調査」によると、自助に重点をおくべきと答えた人の割合は、2002年に18.6％、2013年に21.7％、2017年に39.8％と増加傾向にあります。共助では、2002年に14.0％、2013年に10.6％、2017年に24.5％です。公助は2002年に24.9％、2013年に8.3％、2017年に6.2％と低下傾向にあります。防災対策で、政府や自治体をあてにしない、ということでしょうか。

2-7 災害に弱い社会（2）共助・公助の弱体化

近所づきあいは減っている！

出典：平成19年版国民生活白書

近隣関係は希薄になっている

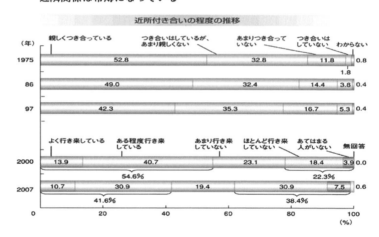

町内会自治会活動への参加も低下！

出典：平成19年版国民生活白書

町内会・自治会への参加頻度は少なくなっている

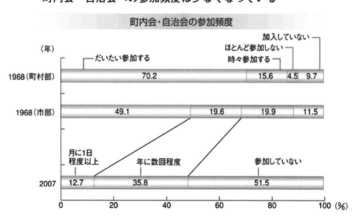

ポイント 共助、公助も脆弱性が高まっています。近所付き合いに関しては、1975年には親しく付き合っている人の割合が52.8%でしたが、2007年には10.7%と著しく減少しています。自治体職員数は2006年に328万2千人だったのが、2018年には273万7千人と54万5千人、約16%減少しています。

1 近所付き合いの希薄化

　内閣府の国民生活白書（2008年度まで作成）によれば、近所付き合いについて、1975年には親しく付き合っている人の割合は、52.8%でしたが、2007年にはよく行き来している人の割合が10.7%です。また、付き合いはしていない人が1975年に1.8%だったのに対し、2007年にはほとんど行き来していない、あてはまる人がいない割合が38.4%に増加しています。

2 町内会、自治会への参加の減少

　町内会・自治会への参加頻度は、1968年にはだいたい参加する人が町村部で70.2%、都市部で49.1%でした。したがって、自主防災組織を町内会・自治会単位で結成することは、とても効果的な方策でした。2007年には月に1日程度以上参加する人は12.7%に減少していますので、町内会・自治会に頼っているだけでは難しいことは明らかです。

3 消防団員、自治体職員の減少

　総務省消防庁の「消防統計」によれば、消防団員はこの20年でほぼ10%、自治体職員は16%減少しました。共助・公助の柱となる消防団員、公助の中核となる自治体職員数の減少も、地域防災力の弱体傾向を示しています。

公助にも限界が… 減り続ける自治体職員！　出典：総務省消防庁HP

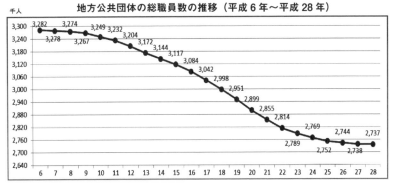

③ 地域防災計画と事業継続計画(BCP)

3-1 計画の目的

災害対策基本法における非常災害発生時の役割

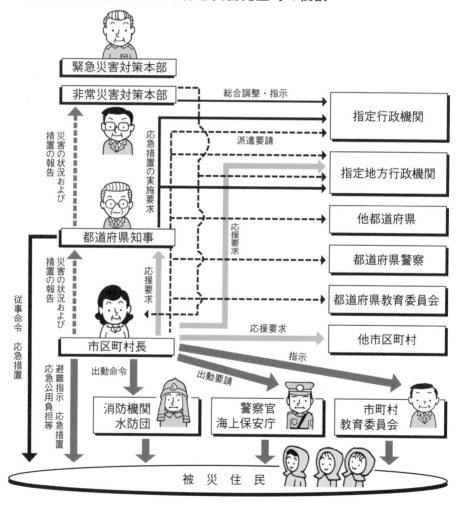

自治体は、災害時に、その地域の住民の生命、自由及び財産を守る責務があります。災害対策基本法では、原則として自治体に地域防災会議を設置し、災害に備えて地域防災計画を作成するとしています。国の計画は全国的視野に立った縦割りの計画ですが、自治体の計画は地域の特殊性を踏まえ、その地域の行政機関などの防災活動を網羅的に定めた横割りの計画です。

1 地域防災計画の目的

　災害対策基本法では、都道府県（市区町村）地域防災計画の目的を「当該都道府県（市町村）の地域並びに当該都道府県の住民の生命、身体及び財産を災害から保護する」と規定しています。

　ここでは、目的として「住民の生命、身体及び財産を保護する」とありますが、故松下圭一法政大学名誉教授は「市民の生命、自由及び財産を保護する」と言い換えています。私も、人間の肉体を「生命」、内面を「自由」と表現し、「財産」と併せて保護する、としたほうが良いと考えます。

2 都道府県の地域防災計画の特徴

　都道府県の地域防災計画は、都道府県とその地域の国の機関、市区町村及び公共機関などの処理すべき業務について広く定めます。独自の地域性もありますが、それよりも広域的な協力・連携体制、都道府県単位の関係機関の組織体制について網羅的に記述する、いわば総合計画になります。

3 市区町村の地域防災計画の特徴

　市区町村防災計画は、市区町村とその地域の住民、行政機関、公共機関が効果的、具体的な防災活動を実施することに重点がおかれます。都道府県地域防災計画という総合計画を受けて、独自の地域性を踏まえたマニュアル的な記述が増えた計画になります。

4 計画相互の連携

　地域防災計画の基準は、国の防災基本計画で定められ、しかも国、都道府県、市区町村の地域防災計画が連携を取れるようにしなければなりません。

　したがって、都道府県の地域防災計画の作成、修正は内閣総理大臣に協議し、市区町村の地域防災計画の作成、修正は都道府県知事に協議することになっています。

3-2 計画の全体像

東京都地域防災計画（例）

震災編	部		章	計画名
東京都地域防災計画（震災編）2014年	1	東京の防災力の高度化に向けて	1	地域防災計画震災編の概要
			2	東京の現状と被害想定
			3	地震に関する調査研究
			4	計画の概要等
			5	被害軽減と都市再生に向けた目標（減災目標）
	2	施策ごとの具体的計画（災害予防・応急・復旧計画）	1	都、区市町村等の基本的責務と役割
			2	都民と地域の防災力向上
			3	安全な都市づくりの実現
			4	安全な交通ネットワーク及びライフライン等の確保
			5	津波等対策
			6	広域的な視点からの応急対応力の強化
			7	情報通信の確保
			8	医療救護等対策
			9	帰宅困難者対策
			10	避難者対策
			11	物流・備蓄・輸送対策の推進
			12	放射性物質対策
			13	住民の生活の早期再建
	3	災害復興計画	1	復興の基本的考え方
			2	復興本部
			3	震災復興計画の策定
			4	東京都震災復興マニュアルのしくみ
	4	南海トラフ地震等防災対策	1	対策の方針
			2	南海トラフ巨大地震等による被害想定及び減災目標
			3	都、島しょ町村及び防災機関の役割等
			4	南海トラフ地震等防災対策
			5	東海地震事前対策

ポイント　災害対策基本法では、地域防災計画に定める事項として次のことを定めています。①首長・防災関係機関のなすべき事務、②災害予防、災害応急、災害復旧に関する計画、③労務・施設・設備・物資・資金などの整備、備蓄・調達・通信に関する計画、④その他地域防災会議が必要と認める事項。

1　地域防災計画の大分類

地域防災計画は、対象となる災害別に地震編、風水害編、火山編、原子力災害編などに分かれます。近年は、地震編が中心になっています。

2　地域防災計画（地震編）の構成

基本的には、「総則」「災害予防計画」「災害応急対策計画」「災害復旧（復興）計画」の4つに分かれます。

「総則」では、防災計画の大きな方針、防災機関の業務大綱、自治体の概況、自然条件・社会条件、そして計画の前提となる被害想定などが記述されます。

「災害予防計画」では、防災まちづくり、公共施設の耐震化、ライフライン施設の防災化などのハード的整備と消火態勢、備蓄物資の整備、防災訓練など応急対応に備えた事前対策が記述されます。

「災害応急対策計画」では、災害対策本部の活動態勢、情報、広報、避難、消火、自衛隊への協力要請、交通規制、食料・水の供給、医療救護、ライフライン施設の応急対策、応急住宅対策、応急教育など災害時の機能別の対策が記述されます。

「災害復旧（復興）計画」では、住宅や施設の復旧・復興などハード的なものと、生活支援などソフト的なものが記述されます。

なお、図の東京都地域防災計画は、災害予防・応急・復旧を同じ計画とし、復興計画及び南海トラフ地震等防災対策を別立てとしています。また、第2部では各施策ごとに現在の到達状況、課題、対策の方向性、到達目標、具体的な取組（予防対策、応急対策、復旧対策）を示すなど独自に工夫しています。このように地域防災計画は自治体によって多少、形式が違っています。

3-3 総則

総則の内容

1 自然条件・社会条件

(1) 自然条件

(2) 社会条件

2 被害想定

(1) 死傷者
(2) 建物被害
(3) ライフライン他

3 基本的な方針

(1) 計画の目的
(2) 計画の点検・評価
(3) 計画の習熟・訓練

地域には特有の自然条件、社会条件があります。これを基にして地域にどんな災害がどのように発生するかを検討し（被害想定）、これに対処する基本方針を定めるのが総則です。過去の地域の災害に学ぶとともに、現代社会特有の災害をイメージして方針を検討することも重要です。

1　自然条件、社会条件

　台風が多い、火山がある、あるいは地震に弱い地質であるなどは、その地域に特有な自然条件です。また、古い木造住宅が多い、道路が狭い、消防力が足りないなどは、地域の社会条件になります。自然条件と社会条件は、災害に対する潜在的リスクを考える際に重要な要素になります。

2　被害想定

　国や都道府県は、大地震に対する被害想定をしています。ボーリングデータなどから地盤・地質を調査し、一定の震源・大きさの地震が発生すると、どの程度の地震動が起きるのか、建物の被害や人的被害は統計的にどうなるかを調査します。
　さらに、過去の被害を調査するほか、地盤や都市化の状況、危険物取扱事業所、建物の耐震状況、高齢者や障がい者の居住地域など、被害を拡大する要因と焼け止まりとなる川や道路、消防署や消防団の消防力、病院などの医療機関など被害を減少させる要因を検討することで、被害想定の精度が高まります。なお、東日本大震災に学ぶならば、被害想定は一つの目安であって、これを超える可能性があることも明記しなければなりません。

3　基本的な方針

　東京都の地域防災計画では、「東京の防災力の高度化に向けて」として、目的、前提、構成、習熟、修正が掲げられています。
　目的は、自助、共助、公助を実現し、住民の生命、身体及び財産を守るとともに都市の機能を維持することにより「首都東京の防災力の高度化」を図ることです。計画の前提は、首都直下地震、南海トラフ巨大地震の被害想定を前提とし、東日本大震災の教訓と現在の社会情勢、都民・議会などの提言を可能な限り反映するものとなっています。計画の構成は震災対策を項目ごとに予防、応急、復旧の各段階に応じて具体的に記載します。計画の習熟では、防災機関は、危機管理・防災の調査研究に努め、職員の教育・訓練を通じて計画への習熟を高め、災害対応能力を高めることとしています。計画の修正は、毎年検討し、必要があるときに修正します。

3-4 被害抑止

被害抑止の主な内容

個人・家族
- 家具の固定
- 住宅の耐震化
- ブロック塀の撤去

行政・ライフライン
- 学校など公共施設の耐震化
- 上下水道管、施設の耐震化
- 高速道路・橋の耐震化

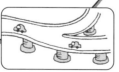

まち全体
- 道路の拡幅
- 建物の不燃化
- 再開発

ポイント 被害抑止は、地震などの力に対抗できるように、建築物などのハードの性能を高めて、被害をもたらさないようにすることです。たとえば、揺れに強い建物を造ったり、高速道路の橋脚を太くしたりするなどです。また、密集市街地で建物の建替え、道路の拡張、公園の設置などの整備を行うことは、まち全体の安全性を高めます。

1　個人、家族の被害抑止

住宅を耐震化して倒れないようにする、家具の固定化などで室内を安全にすることは、個人や家族の身を守るために最も重要です。また、ブロック塀を撤去し、上の階に落下危険物を置かないなどにより、住宅周辺を安全にすることも大切な被害抑止の方策です。

2　公共的施設の耐震化

総務省消防庁の調査によれば、防災拠点となる自治体の公共施設は19万642棟ありますが、2017年度末に耐震性が確保されているのは93.1％です。2001年に48.9％であったことを考えると隔世の感があります。なお、すべての建物に耐震性がある病院は全体の72.9％に過ぎず、災害時に最も安全であってほしい建築物でさえ、いまだ十分な耐震化がなされていません。

被害抑止をするためには、多くの人が利用する公共的施設の耐震化を速やかに進めることが不可欠です。

3　まち全体の安全化

阪神・淡路大震災では、神戸市長田区などの密集市街地の被害が大きくなりました。古い木造住宅が大量に倒壊し、同時多発的に火災が発生したことが大きな原因です。密集市街地の住宅を耐震補強したり、建替えを進めると同時に、道路の拡幅、公園などオープンスペースの確保により延焼を拡大させないように、まち全体の安全化を着実に推進することが必要です。

コラム

防波堤の被害抑止効果

2010年4月、東北地方整備局は2010年2月のチリ地震津波における大船渡港、釜石港の湾口防波堤の効果を発表しました。大船渡港と釜石港の湾口防波堤は、津波の高さをそれぞれ約5割と約2割に低減し、大きな効果があったとされました。しかし、東日本大震災ではこの防波堤を越える大津波により巨大な被害がもたらされました。ハード施設だけでは命を守れないという痛ましい教訓となっています。

3-5 災害対応準備

災害対応準備の主な内容

住　民
- 防災学習
- ラジオ・懐中電灯
- 食料・水・薬・下着
- 消火器・三角バケツ
- ボランティア活動

地域、企業・団体
- 防災組織
- 防災計画
- 防災訓練
- 消防ポンプ、救出工具、重機など

自治体
- 防災体制の整備
- 防災資機材、食料・水の備蓄
- 住民防災組織の支援
- 防災訓練支援
- ボランティアとの連携

災害対応準備は、大地震などの被害があったときに、これを最小限にとどめる活動をするための準備です。たとえば、住民は個人や家族で食料などの備蓄をしたり、消火器を用意します。また、地域の中で助け合いやボランティア活動をしたり、あるいは自治体が活動態勢整備、防災資機材や食料を備蓄し、ライフライン機関が保安態勢を整備するなどがあります。

1 住民の災害対応準備

災害直後は、行政やボランティアなどによる支援活動は、すぐには期待できません。住民がラジオ、懐中電灯、消火器・三角バケツなどのいわゆる防災物資、食料、水、薬、下着などの必需品を備えることで、自助による被害の最小化に貢献します。

また、小中学校や住民自主防災組織には、ミニポンプ、救出工具、仮設トイレや毛布などが備蓄されています。防災訓練などの機会を利用して、これらの資機材や備蓄物資の点検を行うことも大切です。さらに、けが人を救護するために、応急手当や救命技術を身につけることが望まれます。

2 地域、企業・団体の災害対応準備

組織は、個人に比べて強力な活動力をもちます。そこで、住民は地域単位で防災住民組織を結成し、自主的に防災の意識啓発や訓練をすることが大切です。日常からの豊かな地域活動が、このような活動の基盤となります。

企業・団体は、災害時には、住民全体の生命を救うためにその能力を十分に発揮することが求められます。企業・団体の多くは、消火栓や救出工具などの防災用資機材を持っているので、高い防災力があります。その防災力を地域の中で活用することにより、地域全体の防災力を向上させることができます。

3 自治体などの災害対応準備

自治体が、災害直後に必要な応急対策に備えて、防災体制を整備することは最も基本的な事項です。

自らの活動計画を定め、必要な資機材を整備し、職員を教育・訓練することで災害対応力を高めます。

また、住民、企業・団体及びボランティアなどの自主的な防災活動について、自立性を阻害しないように留意しながら、助言や会場確保、必要に応じた資機材の助成などの積極的な支援を行うことが大切です。

3-6 警報避難

住民の避難行動等を支援する防災情報の提供

災害時に、避難行動が容易にとれるよう、防災情報をわかりやすく提供

- ■ 住民がとるべき行動を5段階に分け、情報と行動の対応を明確化
- ■ 出された情報ととるべき行動を直感的に理解しやすいものとし、住民の主体的な避難を支援

[避難のタイミングを明確化]

レベル3：高齢者等避難		レベル4：全員避難	
警戒レベル （洪水、土砂災害）	住民がとるべき行動	行動を促す情報	防災気象情報
警戒レベル5	命を守る最善の行動	災害の発生情報 （出来る範囲で発表）	指定河川洪水予報 土砂災害警戒情報 警報 危険度分布等
警戒レベル4	**避難**	・避難勧告 ・避難指示（緊急）	
警戒レベル3	**高齢者等は避難** 他の住民は準備	避難準備・ 高齢者等避難開始	
警戒レベル2	避難行動の確認	注意報	
警戒レベル1	心構えを高める	警報級の可能性	

特別警報を含む防災気象情報についても、各レベルとの対応を整理し、その位置づけを明確化し提供

出典：避難勧告等に関するガイドラインの改訂～警戒レベルの運用等について～

近年は風水害が多発していますが、一方で気象予測がきめ細かく正確性を高めています。市区町村は気象状況等の変化に応じて、情報収集・判断のできる体制を確保します。そして、あらかじめ設定した「警報レベル判断基準」を基に、迅速かつ適切に避難の必要性を判断し、発令します。その際、SNSを含めて様々な伝達手段を組み合わせて、警報や避難情報を広く伝達します。

1 体制確保

市区町村は気象状況を踏まえた警戒体制等の移行の判断基準をあらかじめ設定し、職員に周知します。

2 警報等の伝達

警報等を防災無線、ホームページ、SNS等を含めて住民に迅速かつ的確に伝達し、住民の心構えを促します。

3 住民等の避難誘導

2019年度から災害発生のおそれの高まりに応じて、居住者等がとるべき行動を5段階に分け、情報と行動の対応を明確化し、警戒レベルを用いた防災情報を発信することになりました。警戒レベル3（高齢者等避難）、警戒レベル4（全員避難）、警戒レベル5（災害発生情報とし、命を守る最善の行動を促す）など5段階で表示します。警戒レベル3以上になると、市区町村は近隣住民、消防団、自主防災組織、福祉関係者等の協力を得て、避難行動要支援者等の安全な避難誘導を行います。また、指定緊急避難場所、指定避難所等の開設に努め、安全の確保を図ります。

4 住民主体の避難行動

「避難勧告等に関するガイドライン」は、大きな災害があるたびに見直しが重ねられてきました。2019年3月改定では、「自らの命は自らが守る」意識を醸成するため、「学校における防災教育・避難訓練」、「住民が主体となった地域の避難に関する取組強化（地域防災リーダーの育成等）」、「『防災』と『福祉』の連携による高齢者の避難行動に対する理解促進」など5つの代表的取組例が示されています。

3-7 自治体の応急対策

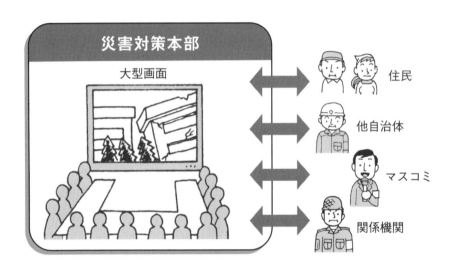

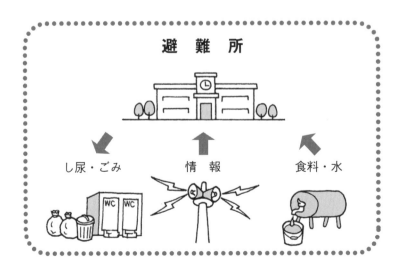

自治体、特に市区町村は、災害時には第一次防災機関として住民の生命、自由、財産を保護する責務を持ち、最大限の努力をしなければなりません。このため応急対策の内容は、災害対策本部の設営、消防、警察などの防災機関と連携、情報の収集と提供、避難所の運営、食料・飲料水の提供、遺体の取り扱い、ごみ・し尿・がれき処理、応急住宅対策、衛生確保など多岐にわたります。

1 災害対策本部

　自治体は、災害が発生し、または発生のおそれがある場合には、災害対策本部を設置し、災害応急対策に従事する職員を配備し、事前に定められた組織の活動計画に従って活動します。本部長は首長ですが、首長が欠けた場合に備えて職務代理の順位をあらかじめ決めておきます。

2 情報・広報計画

　災害時には、防災関係機関が相互に情報を共有化することが大切です。そこで、自治体は通信連絡窓口をあらかじめ統一し、通常の電話が途絶することに備えて、行政無線、地域防災無線などを整備しています。
　自治体からは、信頼性の高い災害対策本部情報などを伝えるとともに、住民相互の情報のやりとりができるようにホームページやツイッターを有効活用することが望まれます。

3 避難計画

　大災害になり、住民に危険性が切迫した場合には、首長は要避難地域及び小中学校などの避難先を定めて、避難の勧告・指示をします。また、生命・身体を保護するために必要があるとき、首長は警戒区域を設定し、当該区域への立ち入りを制限・禁止することができます。

4 生活の支援

　自治体は、負傷者や病人の医療救護活動を医療機関と協力して実施します。また、避難者などには、食料・飲料水など必要物資を提供し、ごみ・し尿・がれきの処理を行い、住宅の危険度を調査して応急修理や撤去、仮設住宅の建設、住宅取得の支援をします。また、健康相談や消毒の実施など、多様な活動を実施します。
　一定規模以上の災害に対しては、災害救助法が適用され、被災者の生活支援と社会秩序の保全が図られます。

3-8 住民の応急対策

 倒壊家屋からの救出

 応急手当

 初期消火

 避　難

 炊き出し

住民は、現地情報の収集と提供、救出・救護活動、初期消火、避難、要配慮者のケアなど近隣の助け合い活動をします。幸い被災しなかった人々には、ボランティア活動を行うことも期待されます。人を救えるのは人しかいません。

1 救出・救護

　被害の実態を把握します。倒壊している建物に残されている人が、どのような状態にあるのかなどを確認します。

　次に、二次災害を防止するため、軽いものから順番に除去し、再び崩れないように注意しながら作業を進めます。火災の発生に備え、消火器やバケツも用意します。たえず、要救出者に声をかけて安心感を与えます。救出障害部分、負傷箇所の状態を観察しながら救出します。応急手当が必要な人には、三角巾などを使って固定し、椅子や担架を使って安全な場所に搬送します。

2 初期消火

　家庭から出火した場合は、近所の人たちと協力して燃え広がる前に消火器やバケツで消火してしまうことが大切です。

　火災が大きくなってしまったら、自主防災組織や消防団が軽可搬ポンプで放水したりバケツリレーで消火活動を行い、火元建物1棟以内で消火し、最小限に食い止めます。

　さらに、火災が燃え広がった場合は、消防隊の消火活動に協力することになります。

3 避難誘導

　自主防災組織が公園などの一時集合場所を決めているときは、その場所で人員の確認をします。不明な人がいる場合には手分けをして安否確認をします。避難開始前には、ガスの元栓を閉鎖し、電気のブレーカーを落とすなど、火災が発生しないようにします。

　荷物は非常持出袋等だけとし、身軽に動けるようにします。高齢者や障がい者などの要配慮者を助けながら、整然と行動しましょう。

3-9 生活の復興

```
┌─────────────────────┐
│ 被災住宅の応急修理  │
└─────────────────────┘
┌─────────────────────┐
│ 仮設住宅            │
└─────────────────────┘
    ├──┬─────────────────────┐
    │  │ 仮設住宅の設置      │
    │  └─────────────────────┘
    │  ┌─────────────────────┐
    └──┤ 入居者の募集等      │
       └─────────────────────┘
              ▼
┌─────────────────────┐
│ 住宅取得支援        │
└─────────────────────┘
┌─────────────────────┐
│ 災害復興住宅        │
└─────────────────────┘
┌─────────────────────┐
│ マンションの再建支援│
└─────────────────────┘
┌─────────────────────┐
│ 一般的な事業スペース│
│ の確保支援          │
└─────────────────────┘
┌─────────────────────┐
│ 雇用の確保支援      │
└─────────────────────┘
┌─────────────────────┐
│ 金融支援            │
└─────────────────────┘
┌─────────────────────┐
│ 一時入所            │
└─────────────────────┘
┌─────────────────────┐
│ 福祉サービス        │
│ 体制の整備・広域支援│
└─────────────────────┘
┌─────────────────────┐
│ 生活支援            │
└─────────────────────┘
```

震災で大きなダメージを受けた被災者にとって、家族がともに生活し、安らぎの場となる住宅の確保が何よりも重要です。
　板橋区地域防災計画の生活復興マニュアルでは、住宅の復興について東京都と共同で、被災住宅の応急修理、仮設住宅の設置と入居者募集、住宅取得支援、マンションの再建支援などの手順を定めています。

1　住宅の復興

　住宅の復興については、被災者が自らの住宅をどのように復興するかを決めなければなりません。行政や支援者は、被災者に的確に情報を提供することが重要です。被害が軽微な場合は、応急修理をして住み続けられます。大きな被害の場合は、まず応急仮設住宅（新しく建てる建築仮設住宅と、民間アパートなどを借上げる借上げ仮設住宅があります）に入居して、地域の復興計画づくりに参画しながら、自力再建または復興住宅への入居になります。

2　産業・雇用

　わが国の災害救助法では、自力復興が原則です。しかし、地域の中小企業、離職者については一定の支援をすることで、地域社会の早期復興を図ることが必要です。一時的な事業スペースを確保し復興商店街を作ったり、貸工場などを設置します。また、雇用の確保支援や金融支援も進めます。

3　福祉

　災害後には、福祉サービスへの需要が急増しますが、地域の福祉事業者も被災者であるため、十分な供給が難しい状況に陥ります。近年は、災害時福祉広域支援により全国から福祉関係者が応援に駆け付ける事例が増えてきました。超高齢社会においては、地域コミュニティ医療・保険・福祉の連携とともに福祉サービスの継続、拡充が災害関連死を防ぐために極めて重要です。

3-10 都市の復興

```
                    家屋被害状況調査
                           │
1週間      ┌住民の動き┐  ┌行政の動き┐
           │          │  │• 復興基本方針公表
  │        │避難所生活での│• 短期間の建築制限
  │        │協力         │• 復興対象地区指定
1か月
        ┌地域復興┐  ┌重点復興地区┐┌復興促進地区┐┌復興誘導地区┐
        │協議会の│  │(抜本改造型)││(部分改造・ ││(自力再建型)│
        │結成    │  │            ││自力再建型) ││            │
                           │
                    都市復興基本計画の検討
                           │
1か月           ┌ - - 時限的市街地づくり - - ┐
  │
  │        • 復興まちづくりの検討  • 長期間の建築制限
6か月      • 復興への合意形成     • 地域ごとの復興まちづくり計画
程度
                    都市復興基本計画の策定

6か月           • 復興計画への参画  • 生活復興と調和のとれた復興計画
〜
1年程度
                    都市復興計画等の確定

1年〜           • 復興事業への参画  • 生活復興と調和のとれた復興事業

                    都市復興事業の推進
```

震災後に都市の復興を円滑に進めるために、復興計画の策定手順及び計画項目などを定めたのが「都市復興マニュアル」です。
 板橋区都市復興マニュアルでは、短期の建築制限、復興対象地区の指定、暫定的な仮設市街地の形成、都市復興基本計画の作成、都市復興事業計画、復興事業の推進などについて定めています。

1 家屋被害状況調査

　板橋区の都市復興マニュアルでは、震災後1週間から1か月をめどに、短期の建築制限をかけ、家屋被害状況調査を行い、被災地に4段階の復興地区区分を設定し復興対象地区を指定します。

　都は2003年3月の新しい震災復興マニュアルで、「地域協働復興」という考え方を打ち出し、地域復興協議会を主体として都市復興を考える仕組みを導入しています。

2 仮設市街地づくりの推進

　被災者の近傍に暫定的な生活の場を構築し、被災者が地域にとどまって力を合わせて復興まちづくりを進められるように、必要があれば仮設住宅などによる仮設市街地を形成します。

3 都市復興基本計画の策定

　住民と十分協議して地域ごとに整備事業や修復型事業による復興手法を設定し、6か月をめどに、都市計画決定などの手続き別の地域復興まちづくり計画を策定します。さらに、区が具体的に取り組む都市復興施策を体系的に整理した都市復興基本計画を策定します。この計画には、復興の目標、土地利用方針、施設の整備方針、市街地復興の基本方針などがまとめられます。

4 都市復興事業の推進

　都市復興基本計画及び地域復興まちづくり計画を踏まえて、生活復興と調和のとれた事業計画を策定し、住民との合意形成を行いながら事業化を進めます。

3-11 地域防災計画の課題（土木学会）

全体の課題

減災目標の設定とマネジメント・サイクルが導入されていない

個別的課題

・広域地域連携の対処方策が不十分
・事業計画の転記
・事業継続計画（BCP）の欠如
・住民との協働の内容が希薄
・復旧・復興の内容が希薄

東日本大震災を受けて、公益社団法人土木学会は2012年12月に地域防災計画の問題点や課題の整理・分析を行いました。その結果、次のような課題が明らかになりました。

1　東日本大震災における地域防災計画
　東日本大震災で被災した市区町村の防災担当の幹部へのインタビューからは、地域防災計画は「ほとんど役に立たず、発災後の職員の参集などの対応組織の立ち上げに少し参考になった程度」ということがわかっています。

2　全体の課題
　減災目標の設定と達成に向けたマネジメント・サイクルが導入されていない

3　個別的課題
・広域災害への対応では、被災基礎自治体からの支援要請が基本となっており、国を含む広域地域連携の対処方策が不十分である
・社会インフラの予防計画に関しては、事業主体が作成した事業計画の転記にとどまっている
・災害対応計画は職場や組織が被災しない前提であり、業務継続計画（BCP）の概念が欠けている
・減災や「公助」・「共助」・「自助」による地域連帯、関係者や地域住民との協働の内容が希薄である
・復旧・復興に対する実質的な内容が乏しい

3-12 市区町村の業務継続計画（BCP）

業務継続計画（BCP）策定の効果

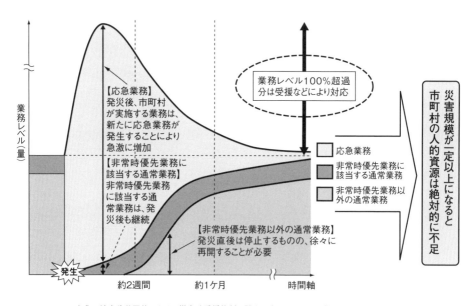

出典：地方公共団体のための災害時受援体制に関するガイドライン　平成29年3月　内閣府

市区町村の業務継続計画（Business Continuity Plan）は、災害後も継続する必要性の高い重要業務や目標復旧時間をあらかじめ定めておく計画です。東日本大震災後に急速に整備されてきました。今後は、計画の実行性を高めるためのPDCAサイクルを着実に実施することや、大規模災害では自治体単独では対応できないことを前提に、受援計画を整備することが重要です。

1　事業継続計画（BCP）とは

地震や洪水などの自然災害、テロや大規模な事故など人為災害を問わず、危機が発生したとき、重要業務が中断せず、また中断した事業活動も目標復旧時間内に再開することを目的とした計画が事業継続計画（BCP）です。

2　自治体BCPの現状

自治体のＢＣＰは自治体業務継続計画とよばれ、東日本大震災前にBCPを作成していた都道府県は28％、市区町村は6％程度でした。2018年6月1日現在では都道府県100％、市区町村80.5％と急速に整備されています。

大災害時には自治体は災害対応業務が新たに増えますが、同時に重要な通常業務についても可能な限り継続しなければなりません。地域防災計画や災害時初動マニュアルでは、災害対応業務について決められていますが、通常業務の優先順位や目標復旧時間などはほとんど定められていません。

3　内閣府ガイド

内閣府は、2015年5月に「市町村のための業務継続計画作成ガイド～業務継続に必須な6要素を核とした計画～」を作成しました。

〈自治体BCPの重要6要素〉
1：首長不在時の明確な代行順位及び職員の参集体制
2：本庁舎が使用できなくなった場合の代替庁舎の特定
3：電気、水、食料等の確保
4：災害時にもつながりやすい多様な通信手段の確保
5：重要な行政データのバックアップ
6：非常時優先業務の整理

4　今後の取組

1：重要6要素で定めていない項目の整備
2：受援計画の整備
3：職員への教育・訓練、必要な見直しの継続

3-13 受援計画と応援計画

被災市町村の受援体制に関する本ガイドラインの提案

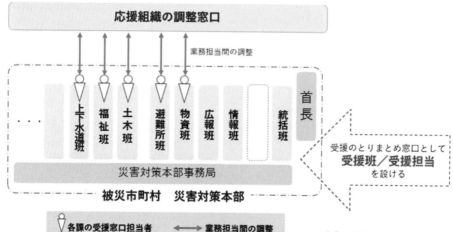

出典:地方公共団体のための災害時受援体制に関するガイドライン 平成29年3月 内閣府

内閣府は2017年3月に「地方公共団体のための災害時受援体制に関するガイドライン」を出し、受援・応援の双方に人・物を受け入れたり、送り出したりする組織体制の整備を求めています。

1．応援本部・応援班／担当の設置

　被災県には、被災市町村の人的・物的資源に関するニーズ把握を始め、受援状況のとりまとめ、応援側の申し出の状況、応援実施状況に関するとりまとめ、など応援・受援に係る様々な対応が求められます。

　これらを円滑に行うためには、災害対策本部各班／部に置かれる業務担当窓口（受援）とは別に、応援・受援に関するとりまとめ業務を専任する「応援・受援本部」が必要となります。特に小規模な自治体ほど受援体制の確保が重要です。

2　応援・受援の対象となる業務とその具体内容を明らかにしておく

　災害後に被災市町村では受援班／担当を、また、被災県では応援・受援本部をします。応援県では応援本部、応援市町村では応援班／担当をそれぞれ設置し、円滑に応援・受援を実施できる体制を整備します。応援を受けて実施する業務（受援業務）をあらかじめ特定し、その業務の具体内容を整理し、応援側に依頼する範囲を明らかにしておくことで、応援の実効性を高めておきます。

3　担当業務の応援だけでなく、業務の「マネジメント支援」を応援・受援の対象と位置付ける必要がある

　災害対応業務は、「刻々と変化する状況に応じる」、「優先順位の高い業務を対象とする」「必要な人的・物的資源を確保する」、「様々な主体との調整を実施する」、「事態が適切に推移しているかを確認する」ことが必要になります。「業務の遂行に直接関わる担当」だけではなく「業務の遂行を計画・管理するマネジメント業務」についても、応援の対象とすることが、被災地方公共団体の円滑な業務の実現に大きく影響を与えます。

4．応援職員の姿勢

　応援職員には、被災自治体が十分にできないところを単に指摘したり、あるべき論で助言したりするのではなく、困難を抱えた同じ職員として寄り添い、課題解決に向けて一緒に汗をかく姿勢が求められます。

地区防災計画と
コミュニティ

4-1 計画の目的

防災計画の体系

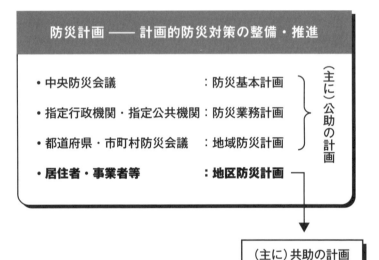

> 市区町村の地域防災計画は、土木学会が指摘したように（3－11参照）、いくつかの大きな課題があります。その中で「共助による地域連帯、関係者や住民との協働の内容が希薄」について制度面から対応するのが「地区防災計画」制度です。地区住民が自発的に防災計画を立案し、地域防災計画と連携して、地区の防災力を高めることを狙いとしています。

1 目的

2013年6月の災害対策基本法改正で画期的な制度が生まれました。これが地区防災計画です。これは市区町村の一定の地区居住者等（町内会・自治会、連合町内会、学校区、マンション、企業等）による自発的な防災活動に関する計画です。この計画は、地域コミュニティにおける「共助」による防災活動の推進を目的にしています。

2 計画提案制度

この制度は、市区町村の地域防災計画に位置付けられて、地域防災計画と地区防災計画とが連携して、防災力を向上させることを狙っています。したがって、地区居住者等が市区町村防災会議に対して計画に関する提案（計画提案）を行うことができ、市町村防災会議は、これに応える義務があります。

ナマハゲ防災

秋田県男鹿市では、大晦日の夜、ナマハゲが「ウォー」「ウォー」とさけび村々の家を廻り歩きます。このナマハゲは、原則として集落の未婚の青年達が扮装したもので、なまけ者をこらしめ「家内安全・大漁豊作」等を唱え退散します。ナマハゲに扮するものの多くは消防団員ですが、家々の中に入ることで高齢者や障がい者等の要配慮者を知ることができます。また、避難所となる神社で行事を行い、参道をきれいに整備します。これは、災害時に支援者が要配慮者と同行避難し、参道をいち早く通って避難所に避難するという、避難行動要支援者の個別支援計画と同じです。毎年行われる伝統行事の中に、共助の防災の知恵が隠されています。

4-2 地区防災計画の特徴

地区防災マネジメント

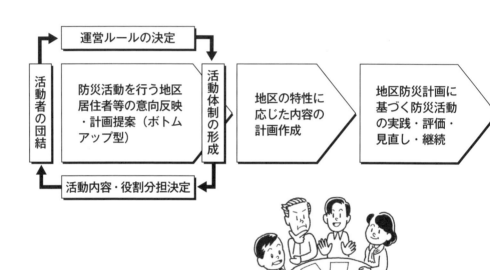

地区防災計画は、地域コミュニティの自発性や地域特性を重視します。また、地区内の様々な関係者（学校、医療・福祉関係者、企業、NPO・ボランティア等）との多様な連携が可能です。さらに、計画を作成することが目的ではなく、訓練や実践活動を行い、評価、見直しをしながらレベルアップを進める地区防災マネジメントにすることが重要です。

1　地域コミュニティ主体のボトムアップ型の計画
　　地区防災計画は、地区居住者等が自発的に行う防災計画であり、その意向が強く反映されるボトムアップ型の計画です。計画提案制度が採用されていることもボトムアップ型の一つの要素です。ただし、地区居住者の自発性を市区町村が座して待っていてはいけません。必要性や効果、作成方法について熱意をもって説明したり、必要に応じて背中を押したりしながら、伴走する姿勢が求められます。

2　地区の特性に応じた計画
　　地区防災計画は、地区の特性（自然特性・社会特性）や想定される災害等に応じて、様々な形をとることができます。計画の作成主体、防災活動の主体、防災活動の対象である地域コミュニティ（地区）の範囲、計画の内容等は地区の特性に応じて、自由に決めることができます。

3　時系列での防災活動の整理と多様な連携
　　平常時、発災直前、災害時、復旧・復興期の各段階で想定される防災活動を整理します。また、自主防災組織の計画との大きな違いは、行政関係者、学識経験者等の専門家のほか、消防団、地域団体、学校、医療、福祉、企業、ボランティア等との多様な連携ができることです。

4　継続的に地域防災力を向上させる計画
　　地区防災計画は、計画作成だけでなく、計画に基づく防災活動を実践し、その活動が形骸化しないように評価や見直しを行い、継続しなくてはなりません。このようなPDCAサイクルを回してレベルアップを図る、すなわち「地区防災マネジメント」にすることが重要です。

4-3 地区防災計画の作成方法（1）

検討会の設置とリスク把握

検討会の設置

リスクを知って
対象災害を決める

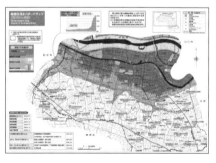

地区の備えを知る

ポイント　地区防災計画を作成するためには、コミュニティの住民が計画を検討する「場」を設定することが必要です。それには市区町村の声掛けや後押しが必要です。次に、現状把握をします。地区の災害リスクを科学的に理解し、また防災の備えや対応力について把握します。

1　検討会の設置

　地区防災計画を作成するときは、地区居住者等がその内容を検討する場、すなわち地区防災計画検討会のような組織が必要です。そこに、市区町村職員、学識者、学校、医療福祉関係者、企業、ボランティア等が加わります。現状では、市区町村からの声掛けによって設置される事例が多くなっています。

2　リスクを知り対象災害を決める

　地域の災害履歴、科学的シミュレーションにより、災害リスクがほぼわかってきました。多くの自治体は、この結果を基に地震、津波、洪水等のハザードマップを作成しHPで公表しています。一方で、住民に分かりにくい表示になっていたり専門用語が多用されていたりするマップもあります。

　なお、ハザードマップは安全マップではなく、一定の前提条件の下で災害リスクを想定したもので、想定を超えることがあり得ます。地区防災計画検討会では、住民が主体的にこのような学びを深めることが大切です。

3　地区の備えを知る

　次に、市区町村職員、学識者などから地域危険度、不燃化率、高齢化率、単身化率などから概観し地区の脆弱性を理解します。また、これまでに行ってきた防災対策の説明を受けます。ただ、これらは自治体全域を対象としていることが多いので、まち歩きをしたり、地区居住者アンケートをとりながら、地区の状況に合わせて具体化することで、地区防災計画の実効性が高まります。

4-4 地区防災計画の作成方法（2） ワークショップで計画化

ワークショップによる気づき、アイデア出し

良いアイデアを評価し「集合知」とします

ポイント　ワークショップには様々な形がありますが、共通して言えるのは参加者の意見交換により意欲を高め、気づきを誘発し、創造的な成果物を期待することです。1回では不十分で、少なくとも3回程度は実施することを勧めます。ここでは、著者が実施しているワールドカフェによるワークショップを紹介します。

1　ガイダンス

講師が過去の災害状況を動画，写真を活用して説明すると同時に、今後の災害リスクを概説します。その際に地区住民、特に高齢者、障がい者等の被害を少なくするため、地区防災計画を作成する必要性について述べます。

2　災害イメージづくり

災害対応を考えるためには、大災害時の状況について災害イメージを涵養することが重要です。そこで、災害時の生々しい記録（災害エスノグラフィーなど）を読みながら、課題と対策をポストイットに記入します。

3　グループワーク（ワールドカフェ）

エスノグラフィーで得た課題と対策をきっかけに、参加者は主体的、能動的に災害対応を考え意見を述べます。また、他者の意見を傾聴することで共感、一体感が生まれ理解が深まります。その際、研修生がお茶、お菓子を楽しみながら4名で雑談風に話し合って、リラックスした雰囲気の中で、自然に気づきやアイデアを生み出します。20分×3セットで行い、2セット目はメンバーを変え、3セット目は1セット目と同じメンバーで行います。なお3セット目は、話し合いを続けながら、具体的な対策のアイデア3〜4項目を書き出します。

最後に参加者全員でアイデアを相互評価し、多くの評価を得たものを「集合知」として、地区防災計画に取り入れます。

4-5 地区防災計画の作成方法（3）運用管理

地区防災計画の運用管理手法

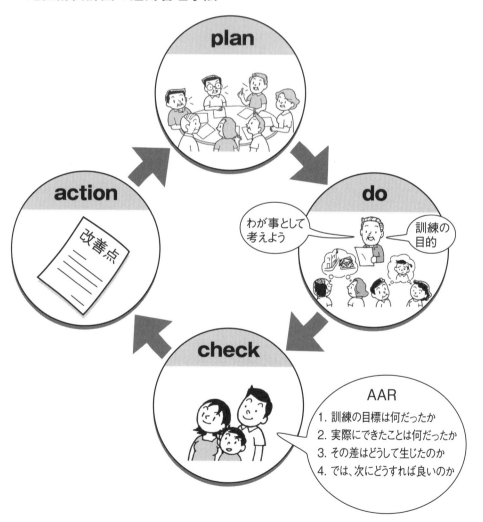

地区防災計画は作成して終わりではありません。災害時に役立つためには、計画の実行、検証、見直しの仕組みを作り、拡充、改善を継続的に実行する運用管理が重要です。

1　組織づくり

　町内会、自治会、自主防災組織が直接、地区防災計画を作成したのであれば、引き続き運用管理組織として、実行、検証、見直しを進めることができます。一方で、地区防災計画のために新たに検討会を立ち上げたのであれば、その検討会を母体に新たに計画実行組織を立ち上げましょう。たとえば○○地区防災会などです。

2　訓練

　地区防災計画の運用管理の中核は訓練ですが、マンネリ化した避難訓練は、住民に危機を予測する力が育たず、訓練の意義があいまいなために、「やらされ感」の強い訓練になってしまいます。実技訓練の前に、自治体が発行するハザードマップや、地形図、災害史などを教材に、地域にどのような災害が発生しそうかを、短時間でよいので住民が主体的に考えることが大切です。そして、住民にハザード予測の効果と限界（想定外への対応）を伝え、想定外の場合の行動指針を決めることが重要です。

3　計画の検証、見直し、改善

　計画の検証をするためには、訓練終了後の振り返りが大切です。アメリカ陸軍は訓練終了後に短時間の振り返り（After Action Review、以下、AARと呼ぶ）を実施します。その概要は次の4点です。
　1．訓練の目標は何だったか
　2．実際にできたことは何だったか
　3．その差はどうして生じたか
　4．では、次にどうすれば良いのか

　防災訓練では消防署長などの講評で終わることが多く、住民が自ら振り返る機会はほとんどありません。AARはポイントを絞った簡潔なもので、10分程度でできますが、その効果は絶大です。多くの住民のAARを集めることで、地区の訓練の課題や改善策が定量的に把握できます。

4-6 地区防災計画の効果

地区防災計画の研修前と比較してあなたの考えに最も近いもの

著者による
アンケート結果

1 自分は自信をもって、災害対応業務にあたることができる
2 自分は災害についていろいろな角度から考えることができる
3 防災訓練、研修は仕事、行事が多忙でもやるべきである
4 ワークショップ研修は地域の防災力を高めることに有効だ
5 ワークショップ研修はコミュニティ力を高めることに有効だ
6 地区防災計画の作成は地域の防災力を高めることに有効だ
7 地区防災計画の作成はコミュニティ力を高めることに有効だ

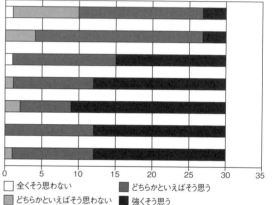

□ 全くそう思わない　■ どちらかといえばそう思う
■ どちらかといえばそう思わない　■ 強くそう思う

ワークショップは地区防災計画づくり、コミュニティづくりに有効だ！
いちはら防災100人会議アンケート結果より

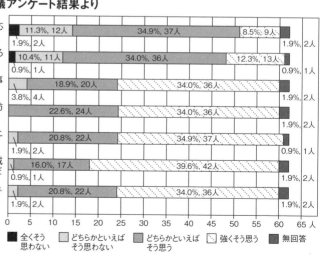

■ 全くそう思わない　□ どちらかといえばそう思わない　■ どちらかといえばそう思う　▨ 強くそう思う　■ 無回答

 災害時には人の判断力及びコミュニティ力が重要ですが、地区防災計画はその両方を高めます。また、法施行後、まだ日は浅いのですが、すでに西日本豪雨災害でその効果が表れています。

1 アンケート結果

　高知市下知地区は3年間かけて、12回の全体ワークショップを行い、より小さなブロック単位でのワークショップを実施して地区防災計画を策定しました。市原市は100人を超える市民参画の委員会で6回のワークショップを実施し市原版地区防災計画のひな形を作成しました。地区防災計画が、防災力、コミュニティ力をいかに向上させたかのアンケート結果は左ページの表のとおりです。

2 愛媛県松山市高浜地区、五明地区

　松山市高浜地区、五明地区は、平成27年度に地区防災計画を作成していました。西日本豪雨災害時は大規模な土砂災害が多数発生する中、地域住民が協力して一軒一軒声掛けをして危険が迫っている人を避難させ、一人の犠牲者もだしませんでした。

コラム

逃げるは恥だが役に立つ！？

　災害時においては早期避難こそ多くの人を救うというのが教訓です。近年でも2011年東日本大震災の津波避難、2015年の関東・東北豪雨、2016年の九州北部豪雨、2017年の西日本豪雨など逃げ遅れによる犠牲者が相次ぎました。住民が早期避難の重要性を理解し、主体的に判断する力を付け、要配慮者も含めて一緒に助かるための行動を計画するのが地区防災計画の意義です。逃げるは恥でなく、勇気なのです。

4-7 地区防災計画事例（1）津波浸水区域

■要援護者支援に係わる条件（例示）
- ▶支援の時間を限定する（地震後15分以内を目安）
- ▶支援の内容を限定する（安全な避難場所に向かって、率先避難。声かけ、避難所運営等）
- ▶それ以上の支援は、自己責任で行うものとし、町内会の任務としない

〈災害時要援護者支援〉
- 町内会は、要援護者支援に関わる基本任務（率先避難、声かけ、避難所運営等）と、それを超えて対応する場合に備えるべき条件を考えること。
- 要援護者の家族は、必要な移動手段や避難訓練への参加など一定の自助を行うこと。

東日本大震災の被災経験を次世代へ　命を守る「15分ルール」
　岩手県大槌町安渡地区は東日本大震災で218名、11%強の住民が亡くなる津波被害を受けました。その後、独自に生存者への避難行動等についてアンケート・ヒアリング調査を実施し、要援護者の避難支援は地震後15分以内など、地区防災のルールを根本から見直しました。

1　地区防災計画への取組み
　東日本大震災での被災、災害対応の検証や災害対応のルールと事前対策の検討のため、内閣府モデル事業開始以前から、「安渡町内会防災計画づくり検討会」を中心に避難行動等のヒアリング調査や懇談会・検討会を重ね、地区防災計画を策定していました。

2　モデル事業の実施と成果発表
　モデル事業開始後、安渡町内会防災計画づくり検討会、町内会・町合同防災訓練及びその反省会としての検証会議等、活動を重ね、その成果を国連防災世界会議で発表しました。

3　モデル事業での成果
　科学的な調査結果をもとに、要援護者避難支援に関する地区のルールを見直しました。また、新しいルールに従って訓練シナリオを作成し、合同防災訓練のなかで行う要援護者避難支援訓練を通じて検証を行い、そこでの課題の検討を始めて次年度の訓練でその議論の成果を問う、PDCAサイクルを回しています。

4-8 地区防災計画事例(2)都市マンション

中学生

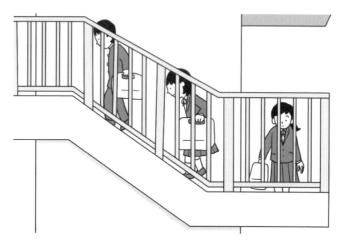

多くの住民が参加する防災訓練

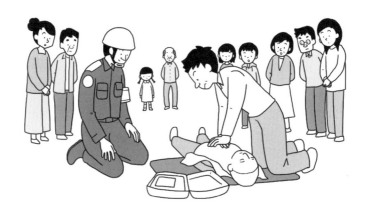

よこすか海辺ニュータウンソフィアステイシア自主防災会（神奈川県横須賀市）災害から命を守る 〜マンション住民による実践的な防災計画〜
　地震、津波災害から命を守るため、これまでの自主防災会による積極的な活動に加え、住民と専門家の協働により災害対応規約改正を含む、より実践的な計画を作成しました。

1　多くの住民参加による防災訓練
　2005年に、自治会と管理組合による自主防災会が発足しました。防災資機材の備蓄や、居住者台帳による避難行動要支援者の情報把握、防災訓練、防災読本の作成・配布に取り組んでいます。訓練体制にはマンション住民の約6割が参加するなど活発に活動しています。また、居住者のなかから、コンサルタント、医療、福祉関係者など専門知識を有する人材の発掘・活用を行っています。

2　モデル事業での成果
　地区防災計画策定委員会を設置し、平日昼間の発災にも初動対応・応急対応が可能な「策定委員」、現役世代の消防官・自衛官・看護師などからなる「アドバイザー」を任命し、業務遂行体制を構築しました。また、すでに作成されていた住民共助の防災読本を基に、「ソフィアステイシア地区防災計画案」を作成しました。

ジュニアレスキュー隊
　マンション住民の多くは昼には仕事などで留守にしています。
　そのとき災害が発生すればエレベーターが止まるので、高層階のお年寄りは階段の上り下りが大変です。そこで、自主防災会は中学生に呼びかけてジュニアレスキュー隊を設置しました。災害時はマンションのいる中学生がお年寄りに水や食料など支援物資を届ける役割を果たします。

4-9 地区防災計画事例（3）企業と地区の共同計画

災害時アクションカード

鳴門家・災害時アクションカード

鳴門家では **30** 分以内に **第一候補 大塚製薬工場（徒歩10分以内）** に避難します。

※第1候補が使用できない場合は、第2候補ポカリスエットスタジアムへ避難

【避難完了までのアクション】
- □ 在宅家族の安否を確認する
- □ ブレーカーを落とす
- □ ガスの元栓を閉める
- □ 靴・衣服を着る
- □ 鍵を閉める
- □ 非常用持出袋を持つ
- □ 右記持って行くものを持つ
- □ 近所の人に声をかける
- □ 二次災害・余震に気をつけて避難する

【避難所に持って行くもの】
- □ 非常用持出袋
- □ 飲料水
- □ カロリーメイト
- □ 携帯ラジオ
- □ 紙おむつ
- □ 雨具（レインコート）
- □ バスタオル
- □ 万能ナイフ
- □ スマートフォン・充電器

家族の連絡先・避難場所

氏名	続柄	所属先	TEL	避難先	TEL/
鳴門太郎	父	鳴門製作所		鳴門市役所	
鳴門渦子	母	鳴門スーパー		鳴門高校	
鳴門渦太郎	長男	鳴門高校		同左	同左
鳴門渦次郎	次男	鳴門小学校		同左	同左
徳島ウズ	祖母			徳島大学体育館	

 徳島県鳴門市の大塚製薬工場が位置する川東・里浦地区では、地域と企業との相互連携、相互支援を強め、自助、共助による防災力向上に取り組みました。

1 市と企業で避難協定

　2012年10月、鳴門市と大塚製薬工場で避難協定を締結し、地域住民約600人が避難可能となるなど、川東・里浦自主防災会、株式会社大塚製薬工場、鳴門市の三者で地域防災力向上のために連携しています。

2 モデル事業でアクションカード作成

　内閣府のモデル事業では、全4回のワークショップを行い、災害時の役割や行動を明確にしました。徳島大学の支援を得て、住民が何分以内にどこの避難場所に避難するか、揺れが収まってから避難場所に到着するまでにどのような行動をとるか、避難所に何を持っていくかをカードに書いておく「アクションカード」を作成して、地区防災の取組みを共通化しました。また、企業のリーダーシップが加わることで訓練の計画性・実行力が高まり、企業も従業員の意識向上につながりました。

3 地区防災計画作成と今後の取組み

　地域と企業が地域課題を共有化することにより、防災・減災につながるコミュニティの基盤が構築でき、2017年2月には地区防災計画を作成しました。また、地元中学校とも連携するきっかけもできたので、今後は幅広い年代を活動の実施主体として巻き込んでいくことが期待されます。

4-10 地区防災計画事例（4）住民主体で事前復興計画

下知地区防災計画の基本方針とコンセプト

下知地区をどんなまちにするのかという基本方針は、災害に「も」強いまちです。そしてこれを実現するための五つの柱を挙げました。

> 伸び伸び遊ぶ子どもたちを中心に、
> 地域のつながりで、楽しく安心して暮らせる、
> 災害に「も」強いまち下知

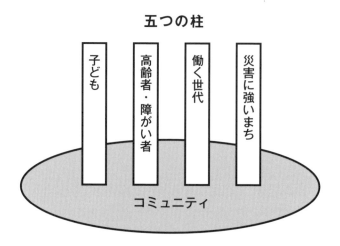

五つの柱

子ども ／ 高齢者・障がい者 ／ 働く世代 ／ 災害に強いまち

コミュニティ

必ず来る津波、必ず来る復興。幸せになるための物語「事前復興計画」
　下知地区（高知県高知市）では、必ず来る復興を見据え、早期復興を目指して、住民意見を反映した「事前復興計画」を含んだ地区防災計画づくりを行いました。

1　地区防災計画への取組み
　「下知地区減災連絡会」は、2012 年に地区内の自主防災組織などの連合組織として発足しました。避難計画の作成、防災訓練の実施、講演会の開催などを実施し、2015 年度は内閣府のモデル事業として、16 年度、17 年度は高知市独自事業として地区防災計画に取り組みました。

2　コンセプトの明確化
　地区防災計画は、全体会を 12 回、その他に小地域のブロック会 8 回を行い、参加者がワークショップで検討しました。その結果、コンセプトは「伸び伸び遊ぶ子どもたちを中心に、地域のつながりで、楽しく安心して暮らせる、災害に「も」強いまち下知」となりました。

3　基本方針
　下知地区防災計画（共助の防災計画）は「希望ある未来に向けた事前復興計画をつくり、生活とまちを再建するための住民を失わないことを最優先とし、そのための個別計画を策定し、実施する」ものとしています。命を守るために揺れ対策と津波避難計画、命をつなぐための長期浸水対策、避難所開設・運営マニュアル、生活とまちの再建を進めるための事前復興計画からなっています。

4-11 関東大震災と神田和泉町・佐久間町

関東大震災で焼け残ったまち

神田和泉町・佐久間町

| 地盤が良く倒壊建物が少なかった | 死者がほとんどいなかった | 昔から「焼けずの地」と言い伝えられてきた | 町内の活動が盛んで団結力があった |

↓↓↓↓

町民が協力して長時間消火活動を行い、延焼を防いだ

防火用水

関東大震災は、地震と同時に記録的な震災火災による大きな被害を与えました。このとき、ほとんど奇跡的に焼け残ったのが神田区の和泉町・佐久間町でした。この一帯は揺れが小さかったため倒壊家屋が少なく、ほとんど死傷者が出なかったといいます。大部分の町民は避難せずに踏みとどまって、バケツリレーなどでまちを守ることができたのです。

1　関東大震災の震災火災

　1923年9月1日に発生した関東大震災は、倒壊家屋44万7,000戸、死者・行方不明者10万5千人を超える日本最大の地震災害となりました。地震そのものによる死者は数千人から1万人といわれますが、旧東京市の40％以上を焼失する震災火災により、多数の犠牲者が出ました。

2　ここでも建物倒壊地域が

　東京大学の目黒教授らの研究によると、関東大震災では、大きな揺れで倒壊した建物から出火し、延焼することが多かったとわかりました。一方、揺れが小さいと倒壊家屋が火元になることは少ないため、消火できる可能性が高くなります。

　当時の建物を耐震化してどの程度被害が軽減できるかシミュレーションをしたとき、1981年以降の新耐震基準の木造建築物であったとすれば、倒壊した延焼火元は45件から7件に減少します。

　このため、火災対策としても建物の耐震化が極めて有効なことがわかります。

3　奇跡のまち

　実際に、神田区和泉町は約600戸ある家のうち倒壊したのはわずか3戸で、一人の死傷者もいなかったといいます。

　そこで、ほとんどの町民は、町に踏みとどまり男女の別なくバケツを持って出動し、最長15時間もの消火活動を続けました。

　この地域一帯は、江戸時代の火事でもその被害を免れたという事実が語り継がれていて、土地の人々には「焼けずの地」という信念があったので、このような消防努力がなされたともいわれます。

⑤ 命を守る耐震

5-1 耐震の重要性

阪神・淡路大震災における犠牲者（神戸市内）の死因

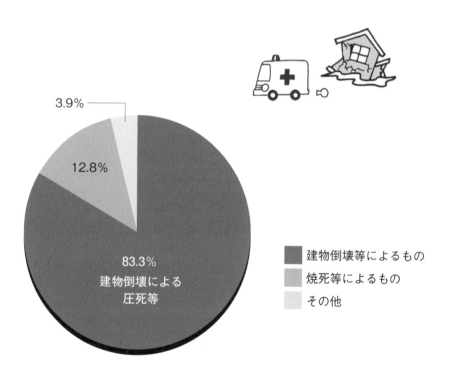

1995年に発生した阪神・淡路大震災の最大の教訓は何でしょうか。それは、地震による死者を減らすには、建物を強くして潰れないようにするほかはないということです。震災直後に命を落とした5,500人のうち83％以上は建物の倒壊や家具の転倒による圧死・窒息死だからです。したがって、住宅の耐震化こそ、地震対策で最優先すべきものです。

1　阪神・淡路大震災の死因・死亡時間

　阪神・淡路大震災では、地震直後に建物等の直接被害によって命を落とした5,500人のうち83％以上は建物や家具の下敷きになった圧死・窒息死です。しかも、死者の90％以上は地震発生から15分以内に亡くなっており、ほとんどが即死状態だったとみられています。

　これらの被害者は、住民や消防・警察・自衛隊などがいくら救出・救護態勢を整えても助けることはできません。

2　建物被害が地震被害を拡大

　地震による死者をなくすためには、住宅を耐震補強するか建替えて、潰れないようにするほかはありません。

　さらに、救出の遅れ、火災の延焼拡大、避難所や病院での混乱、仮設住宅の建設・入居・撤去、生活支援、膨大な復興経費、高齢者の孤独死など地震被害を拡大したさまざまな問題は、やはり大量の建物被害が原因です。

3　耐震は社会インフラ

　世界の大地震の2割が発生する日本では、建物の耐震化は、命を守るという点で医療と同じ社会インフラではないでしょうか。したがって、公共建築物はもちろん、個人住宅に対しても公費を投入してでも耐震化を推進すべきと考えます。この問題は住民の自助努力に任せるだけでは解決できません。

5-2 耐震の効果

家が壊れなければ火事は出ない！

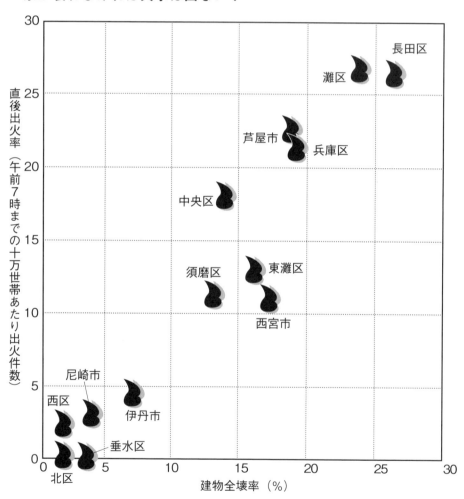

住宅の耐震化には、建物の倒壊を防ぎ人命を守るだけでなくさまざまな効果があります。家が倒れなければ火災も拡大しません。初期消火する人間が生き残り、消防車が通行しやすくなるからです。多数の避難者が出ることもなく、大量のがれきが環境を破壊することもありません。しかも災害対策費用は少なくて済みます。耐震化により大地震対策の過半は達成されます。

1 火災の減少

都心南部直下地震が冬の午後6時に風速8メートルの条件の下で発生すると、最大41万24棟が焼失すると予測されています。そこで、危険度の高い木造住宅を耐震化をすれば、住宅が大きく毀損しないので火災が出にくくなります。事実、阪神・淡路大震災では、出火件数と建物全壊率とは極めて密接な相関関係がありました。

また、死傷者がほとんどいなくなり、住民の初期消火力が格段に高まります。狭い道路を倒壊建物がふさぐこともないので、消防車がスムーズに現場に到着でき消火作業を迅速に行うことができます。

2 避難者支援

住宅が無事であれば、避難所や親族・知人の家に避難する人が少なくなります。その分、医療救護活動、給水・給食活動、毛布、衣類や暖房の用意、防疫、仮設トイレの設置・汲み取りなどの避難者支援活動を十分に行うことができます。

3 住宅再建支援

住宅を失って避難所生活を始めた住民の関心は、いつ住宅を再建できるかに集まります。行政は、仮設住宅だけでも、用地確保・建設、入居者の募集・管理・退去、住宅の撤去など膨大な業務が発生します。これに、家賃助成、マンションの建替え支援、公営住宅の確保、住宅取得支援などの業務が加わります。

4 その他の効果

被災者が少なければ、地域で助ける側に回る人間が増えます。大量のがれきが環境を破壊することもなく、公園などの地域活動空間が確保されます。学校への避難者が少なかったり、学校が避難所にならなければ、教育を早期に再開できます。

また、阪神・淡路大震災では、全壊住宅1棟あたり1,300万円の国費が投入されました。住宅を耐震化しておけば、応急対策費用や復興費用がずっと少なくなります。

5-3 住宅の耐震性

【1】耐震診断結果（基本データ）

判定	評点	件数	割合
① 倒壊しない	1.5以上	364	1.36%
② 一応倒壊しない	1.0〜1.5未満	1,967	7.34%
③ 倒壊する可能性がある	0.7〜1.0未満	4,620	17.23%
④ 倒壊する可能性が高い	0.7未満	19,864	74.08%
	合計	26,815	

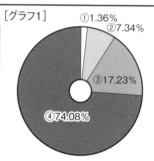

［グラフ1］

【2】旧耐震基準住宅の耐震診断結果（1950〜1980年以降）

判定	評点	件数	割合
① 倒壊しない	1.5以上	27	0.21%
② 一応倒壊しない	1.0〜1.5未満	336	2.56%
③ 倒壊する可能性がある	0.7〜1.0未満	1,611	12.29%
④ 倒壊する可能性が高い	0.7未満	11,139	84.95%
	合計	13,113	

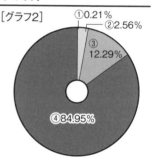

［グラフ2］

【3】新耐震基準住宅の耐震診断結果（1981年〜2000年5月以前築）

判定	評点	件数	割合
① 倒壊しない	1.5以上	337	2.46%
② 一応倒壊しない	1.0〜1.5未満	1,631	11.90%
③ 倒壊する可能性がある	0.7〜1.0未満	3,009	21.96%
④ 倒壊する可能性が高い	0.7未満	8,725	63.68%
	合計	13,702	

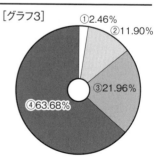

［グラフ3］

ポイント 民間協同組合の調査では、2018年12月現在、耐震診断をした木造住宅の9割超が「やや危険」「倒壊の危険」の評価でした。国土交通省の調査では、持ち家の32.1％が耐震基準改定前の住宅で、そのほとんどが耐震性に欠けると見られます。

1 耐震診断結果

　日本木造住宅耐震補強事業者協同組合は、2006年4月から2018年12月までに2万6,815件の耐震診断を実施しました。対象は1950（昭和25）年〜2000（平成12）年5月までに着工された在来工法の2階建て以下の木造住宅です。

　その結果、「安全」が364件（1.36％）、「一応安全」が1,967件（7.34％）、「や危険」が4,620件（17.23％）、「倒壊の危険」が19,864件（74.08％）という結果でした。「やや危険」「倒壊の危険」を合わせると91.31％にもなります。

2 住宅統計調査

　2013年の住宅統計調査によれば、全国の持ち家（3,217万戸）のうち、耐震基準改正前の1980年以前に建てられ耐震診断も耐震改修工事もしていないものは1,032万戸で、持ち家全体の3分の1（32.1％）となっています。その多くは耐震性に欠けると見られます。

3 耐震化の進捗状況と目標

　国土交通省によれば、2013年現在、1981年の耐震基準を満たす住宅は全住宅（5,200万戸）の82％になるとしています。そして、2010年6月の新経済成長戦略で2020年までに95％に高める目標をたてています。

　なお、2016年4月に発生した熊本地震では、1981年以前に建築された「旧耐震基準」の住宅だけではなく、「新耐震基準」のうち接合部等の規定が明確化された2000年以前の住宅にも倒壊等の被害が多く見られました。すなわち、2000年以前の住宅の耐震化も重要な課題です。

5-4 耐震化普及方策（1）民間活用（保険、ローン、リバース・モゲージ）

民間主体

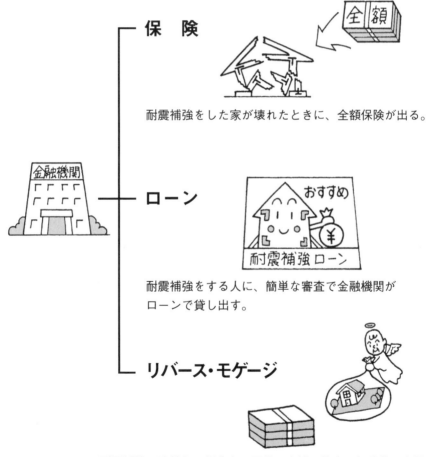

保　険
耐震補強をした家が壊れたときに、全額保険が出る。

ローン
耐震補強をする人に、簡単な審査で金融機関がローンで貸し出す。

リバース・モゲージ
耐震補強・建替えの経費を、死後に土地・住宅の処分費で支払う。

住宅の耐震化は私有財産の保全であり、原則としては、住民の自助努力で行うべきものです。住民が自ら耐震化に取り組み、減災を実現するためには、民間の創意工夫が促されるような総合的な政策が必要です。住民や民間事業者が主体となる政策・制度として、保険、ローン、リバース・モゲージを考えてみます。

1　保険

　これは、いわゆる地震保険ではありません。現在、住民が地震保険に加入しても建物の耐震性能が向上するわけではないので、被害を減らすことにはなりません。

　そこで、耐震化を促進するためには、「耐震性の高い建物や耐震補強を済ませた建物が被災した場合に、被災建物の補修・再建費用の一部を行政が負担することを保証する」という保険制度を、東京大学目黒公郎教授らが提案しています。

　この保険には、耐震性の高い建物や耐震補強を済ませた建物の持ち主だけが加入できます。地震で被害を受ける可能性は少ないので、被害を受けた場合に、行政が住宅再建資金を保証しても十分ペイすることが目黒教授らの研究で証明されています。

　この保険の魅力は、地震の前に行政の経費をほとんど必要としないこと、地震後の応急対策の困難さと費用を軽減できること、そして、普及すればするほど、大地震時の人的被害、建物被害、延焼被害など全体的な被害を軽減できることです。

2　ローン

　耐震化のためには、個人の住宅で数十万円から数百万円の経費がかかります。近年は、一時的に必要なこれらの経費を民間金融機関・住宅金融支援機構が耐震補強ローンとして提供しています。

　古い賃貸住宅についても、金利の大幅な優遇や審査方法の簡易化などにより、耐震化を推進することが期待されます。

3　リバース・モゲージ

　老朽化した住宅では、一般的な耐震補強では間に合わず、建替えまたは大改修を実施しなければならないものもあります。高齢者の持ち家が多いと想定されるので、その住宅・不動産を担保に融資を受けるリバース・モゲージの導入が考えられます。

　返済は、その高齢者が亡くなった後に、その不動産を処分して行われます。生きている間は返済の心配をしなくてよいのです。

5-5 耐震化普及方策（2）行政活用（補助金、税、PR）

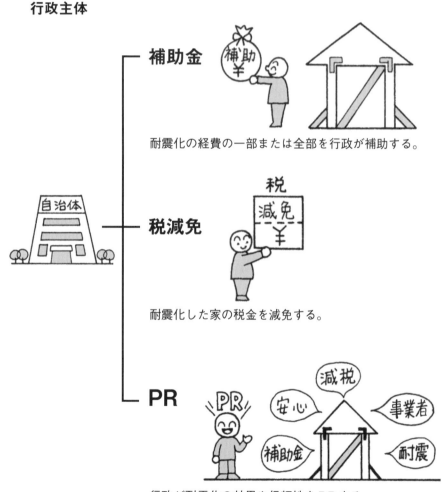

地震被害は大きな社会的損失をもたらしますが、その頻度が極めて低いことから、住民が高額な負担をするインセンティブは働きにくいものです。
　そこで、住民の自助努力に任せるだけでなく、自治体・国も耐震化を推進するための制度を考える必要があります。ここでは、補助金、税、PR などを考えます。

1　補助金

　住宅の耐震化への助成は、私有財産に対する補助となりますが、これをせずに大地震を迎えると莫大な社会的損失をもたらします。

　地震国日本においては、住宅の耐震化は医療と同じく住民の命とまちを守る必要不可欠なものです。所得が少ないために耐震化ができず、大地震で命を失うということのないようにしなければなりません。

　そこで、低所得者に対しては、自治体・国が耐震補強工事の助成や金利減免の長期貸付、あるいは公営住宅への転居などの対策で安全を確保する必要があります。

2　税の減免

　耐震化を住宅取得の促進と同程度に位置づけ、住宅ローン控除と同様にローンの利子分を税額控除するものです。1982年1月1日以前から所在する住宅については、改修工事をした場合に、工事費の10％相当額（上限25万円）を所得税から控除できます。

　また、1年間固定資産税も半額に減額されます。

3　PR

　自治体は、さまざまなインセンティブや地震マップなどにより住民に住宅の危険度を伝える工夫をすることがまず必要です。

　一方で、無料耐震診断を行い、高額な耐震補強工事を強要する事例が多発しています。このため、住民の耐震化への信頼性は非常に低くなっています。自治体や国が正しい耐震化の方法を PR することで、悪質な事業者を駆逐しなければなりません。

5-6 総合的な耐震化推進対策

住宅耐震ターゲット層のマトリックス

① 持ち家・高所得 ⇒現行制度の拡充 バリアフリー改修との連携	③ 賃貸住宅・高所得 ⇒耐震性の公表
② 持ち家・低所得 ⇒簡易耐震 地域丸ごと耐震化	④ 賃貸住宅・低所得 ⇒耐震性の公表 地域丸ごと耐震化

ポイント
　現在の耐震化支援は、持ち家・高所得（高資産）層を対象に、耐震診断、設計、工事費を補助することが中心です。しかし、持ち家・低所得層、賃貸住宅に対する的確な対策がありません。
　そこで、耐震化すべき古い住宅に住む住民を、持ち家と賃貸、高所得と低所得に4分類し、総合的な耐震化政策をモデル的に検討します。

1　バリアフリー工事と部分改修、簡易改修工事のあわせ技

　東京都墨田区は、バリアフリー改修と耐震改修を一緒に進めた場合、耐震改修の補助率を通常の3分の2から6分の5にかさ上げする制度を導入しています。手すりをつけたり、床の段差をなくす工事をする際に耐震工事も組み込むことで、住宅の耐震化を後押ししています。また、強度が上がる「簡易改修」にも補助金を出すのが特徴です。

2　賃貸住宅の耐震性表示で安全で魅力あるまちづくりを

　現在、旧耐震基準の物件については、耐震診断をした場合には、その結果を重要事項説明書に明記しなければなりません。ただ、耐震診断を受けなければ、耐震性の有無を明らかにする必要はないのです。このため、古い賃貸物件は耐震診断をしない事態となっています。
　そこで、次のような表示を重要事項説明、できれば広告に義務付けることを提案します。
①建築確認が1981年6月より前の物件
「耐震性は極めて弱いと推定される」
②建築確認が1981年6月以降、2000年6月より前の物件
「耐震性は不明である」
③建築確認が2000年6月以降の物件
「耐震性があると推定される」
「耐震性が極めて弱い」や「耐震性が不明」となる物件のオーナーは、借り手が少なくなることから耐震化を進めるか、売却するでしょう。新たな買い手は、そのままでは借り手がつかないことから、やはり耐震化するでしょう。公費を使わずに耐震化を進められます。

3　木造密集市街地は丸ごと耐震化で

　木造密集市街地では、災害が起きる前から小規模な「防災住宅」を建てて、そこに高齢者等を誘導してはどうでしょうか。土地、家屋の所有権、借地権を新たな住宅の家賃に充てるなどして、高齢者の負担を従前程度まで軽減すれば、移り住む人は多くなるに違いありません。現在の都市再開発手法と違って、移動したくない人は移動しなくて良い点がポイントです。

5-7 経済効果

耐震補強の効果

【生活再建支援や復興経費がかからない】

耐震補強
しない / する

首都直下地震の場合

国の被害想定
地震被害 95兆円
耐震補強 6,500億円

木造住宅65万戸の耐震化

【不況脱出と雇用創出】

工事を、地域の工務店に依頼

地域の安全を守る大工さん

東京に、6,500億円の新しい市場ができる

耐震補強工事は、同時に、長期デフレ不況を克服する日本版ニューディール政策になり得ます。この工事は、東京だけで65万戸、6,500億円のマーケットが見込まれますが、地域の工務店で小規模な工事を多数行うため、大企業の大規模工事に比べてはるかに雇用創出効果が高くなります。

1　耐震化が必要な木造住宅

　震度6以上の地震に対しては、木造住宅1,000万戸程度が何らかの耐震化をする必要があるといわれています。東京ではおおよそ65万戸の木造住宅は耐震化が必要と見込まれます。

　このまま手をこまねいて大地震が発生すれば、これらの住宅が多数倒壊し、莫大な震災被害が生じます。

2　耐震化マーケットと雇用創出効果

　負の側面だけをみるのではなく、耐震補強の経済的効果に着目すると、耐震補強工事は、長期デフレ不況を克服する日本版ニューディール政策になり得ると考えます。

　リフォームを除いた耐震補強の費用を100万円程度と見積もると、東京だけで65万戸あると見込まれますから、6,500億円程度のマーケットが新たに生まれます。

　しかも、この工事は地域の工務店で小規模な工事を多数行うため、大企業の大規模工事に比べてはるかに高い雇用創出効果が期待できます。故・椎名恒氏（北海道大学大学院教授）によれば、工事規模と単位工事あたり雇用数の関係は、工事規模5億円以上規模で8.3人ですが、工事規模500万円未満では18人と倍以上になるからです。

3　コミュニティの活性化

　この耐震補強工事で住民と信頼関係のできた工務店には、バリアフリーなどの住宅リフォーム工事の注文が増えることが想定されます。そして、地域の工務店が命を守る耐震補強工事で建築家としての誇りを取り戻せば、コミュニティが活性化します。江戸時代には多数の大工がホームドクターとして、家の修繕や台風前の補強を行い、棟梁として地域での尊敬を受けていました。現代版の棟梁を復活させましょう。

6 災害時要配慮者の支援

6-1 要配慮者と支援計画

災害時要配慮者とは

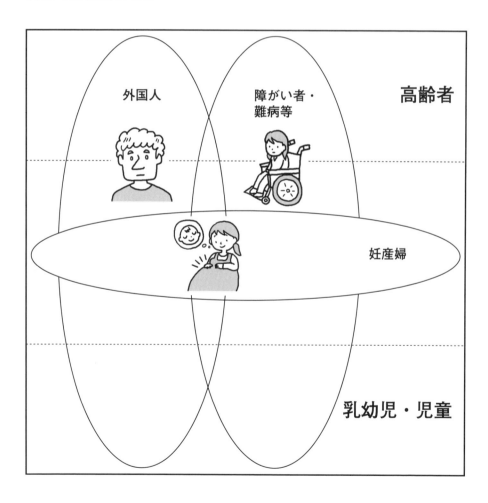

近年の自然災害では死者の多くが65歳以上の高齢者です。また、障がいや難病をもつ方、乳幼児、外国人なども災害から自らを守ることが困難です。自治体は、このような災害時要配慮者を支援する計画を事前に定めることになっています。

1 災害時要配慮者とは

　近年の風水害、豪雪、地震などの自然災害においては、死者の多くが65歳以上の高齢者です。

　高齢者だけでなく、障がいや難病をもつ方、乳幼児や妊産婦、日本語が不自由な外国人などは、災害から自らの身を守ることが困難です。その後の避難、避難生活や復興過程でも誰かの支援が必要です。このような方々を災害時要配慮者(以下、要配慮者)といいます。

2 要配慮者支援計画

　国は2008年2月「避難支援プラン全体計画」のモデル計画について通知し、各自治体に策定を促しました。また2013年8月には「避難行動要支援者の避難行動支援に関する取組指針」を作成しました。

　そのポイントは、市区町村の防災担当と福祉担当とが連携し、大雨、洪水予報などの災害情報の伝達体制を整え、高齢者や障がい者など避難に支援が必要な人を特定し、その一人ひとりについて、誰が支援してどこの避難所等に避難させるかを決めた「避難支援プラン」を作成し、訓練を行うことです。

　なお、水害時の避難支援だけでなく、地震に備えた家具固定や備蓄などの防災対策をあわせて進めることが重要です。

コラム

福祉防災計画

　近年、福祉施設が被災し多くの被害者が発生する事例が増えてきました。福祉施設では法定の消防計画がありますが、大災害に備えて確実に安全な避難を行うための避難確保計画、災害後も福祉事業を継続するための事業継続計画（BCP）、そして地域の要配慮者の避難所となる福祉避難所計画が必要です。

　福祉施設はこのような「福祉防災計画」を作成し、訓練することが求められています。

6-2 要配慮者避難支援プラン全体計画

高齢者や障がい者を地図上に表示

支援者が地図で現場を確認

高齢者や障がい者の多い地域には、車イス・担架・医療器具・生活必需品・救出工具などを重点的に配備

避難所

高齢者や障がい者の支援方法をマニュアル化

救援活動の訓練実施→検証→マニュアル改訂

ポイント 要配慮者避難支援について、現在の到達点として国が示したのが「避難支援プラン全体計画」のモデル計画です。平常時に自治体や支援者が要配慮者情報を収集、共有し、日常的に見守り活動を行います。災害時には要配慮者の避難や避難所生活を支援します。

1 要配慮者情報の収集・共有とマップ化

　自治体は、要配慮者の居住地や生活状況を把握し、自治体内部で要配慮者情報を共有します。また、住民防災組織や民生児童委員とも情報共有化に努めます。共有化にあたっては、各自治体の個人情報保護条例の規定に配慮しなければなりません。また要配慮者マップを作成し、日常的見守り活動を行うことが望ましいといえます。

2 避難支援

　自治体内部に要配慮者支援班を設置するとともに、町内会、自主防災組織、消防団、福祉関係者と連携し一人ひとりの要配慮者に対応する避難支援者を明確にしていきます。

　要配慮者本人、家族、関係者と避難支援者、避難場所、経路、方法、情報伝達などを話し合い、避難支援プラン（個別計画）を作成します。

　避難所ではバリアフリー化を進め、車イス、担架、生活必需品などを重点的に配備し、要配慮者の個別支援を行います。一般避難所の生活が厳しい要配慮者のために、あらかじめ福祉施設の管理者と協議し、福祉避難所として指定します。

3 要配慮者避難訓練の実施

　地域ごとに、支援者が中心となって、日頃からの要配慮者との信頼関係づくりの声かけや見守り活動をします。要配慮者の支援方法をマニュアル化し訓練を行い、改訂をすることで実効性が保たれます。

6-3 要配慮者情報と個人情報保護

要配慮者台帳整備

○○地区 災害時要配慮者登録申請書兼台帳

申請者	氏名		申請年月日 令和 年 月 日 電話	
	住所			

登録者

ふりがな		性別	電話番号	生年月日
氏 名		男・女		明・大・昭・平 年 月 日生
住 所	〒		年齢	歳

要配慮理由
① 一人暮らし高齢者　② 高齢者世帯　③ 在宅の要介護高齢者
④ 身体障がい者　　　⑤ 知的障がい者
⑥ その他援護を必要としている方
（　　　　　　　　　　　　　　　　　　　　　　　　　）

緊急時家族等の連絡先

ふりがな		性別	電話番号	登録者との続柄
氏 名		男・女		
住 所	〒			
ふりがな		性別	電話番号	登録者との続柄
氏 名		男・女		
住 所	〒			

向三軒両隣の支援

氏 名	住 所	登録者との関係	電話番号

＊この台帳に関する情報は、災害時に地域の支援により、生命等の安全を図るものであり、個人情報の保護に留意し、厳重管理するとともに防災の目的以外使用しません。

○○地区災害対策本部

廃止　令和　　年　　月　　日　理由（　　　　　　　　　　　　）

要配慮者を支援するためには、要配慮者の個人情報を収集し、関係者間で共有して支援方法を決めなければなりません。個人情報の保護に配慮しつつ、具体的な避難支援プランを作成するためには、各自治体の個人情報保護審査会が了承できるような十分な準備と説明が必要です。

1　避難行動要支援者名簿

　東日本大震災で、障がい者支援団体の要請にもかかわらず、多くの市町村が個人情報の保護を名目に、障がい者情報の提供を拒みました。この教訓を踏まえ、避難行動要支援者名簿を活用した実効性のある避難支援がなされるよう2013年の災害対策基本法が改正されました。その概要は次のとおりです。

① 避難行動要支援者名簿の作成を市区町村に義務付けるとともに、その作成に際し必要な個人情報を利用できること

② 避難行動要支援者本人からの同意を得て、平常時から消防機関や民生委員等の避難支援等関係者に情報提供すること

③ 現に災害が発生、または発生のおそれが生じた場合には、本人の同意の有無に関わらず、名簿情報を避難支援等関係者その他の者に提供できること

④ 名簿情報の提供を受けた者に守秘義務を課すとともに、市区町村においては、名簿情報の漏えいの防止のため必要な措置を講ずること

2　個別支援プラン作成に向けて

　個別支援プランは、本人や家族、福祉関係者等と話し合いながら作成するべきです。たとえば、高齢者等は自主防災組織等で、障がい者は民生委員で分担して働きかけることも考えられます。最初は自主防災組織の理解と協力が得られた地区から順次進めるのがよいと思います。

6-4 要配慮者情報の管理（要配慮者マップ）

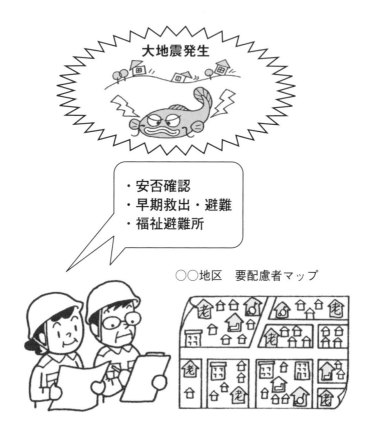

ポイント 要配慮者を早期に避難させたり、救出やケアをするためには地図はなくてはならないものです。人口の多い自治体は、GIS（地理情報システム）を使い、ハザードや耐震化の状況、日ごろの見守り活動などを重ね合わせながら効果的な支援を行うことができます。

1 頭の中の地図

コミュニティの連帯の強い地域では、どの家にどういう高齢者や障がい者が住んでいるのかを地域の人が知っています。阪神・淡路大震災では、一人暮らし世帯の名簿を以前から消防団に渡していた地区があり、救出の際に有効に活用されたといいます。また、鮮やかな救出活動を行った淡路島の北淡町では、消防団の頭の中に地図がはいっていました。

2 要配慮者マップ

市区町村でも、人口が少ない場合には紙の台帳方式で要配慮者情報を管理することが可能です。しかし、数千人、数万人の要配慮者情報を管理するには電子データが必要です。このとき、GIS（地理情報システム）とリンクするのが望ましいと考えます。

第一の利点は、消防防災部局がもつ、地震マップ、洪水ハザードマップ、消火活動困難地域マップなどと、要配慮者の住所情報とを、地図に重ね合わせて表示できることです。また、住宅の耐震状況、平常時の見守り活動など、別の情報を付加することも容易です。

第二に、地図化により、現場でスムーズな活動をしやすくなります。単なる住所だけでは、土地勘のない職員や支援者では、要配慮者の家を探し出すのに時間がかかってしまいます。安否確認や救出を迅速に行うためには地図化が欠かせません。

6-5 安全と安心の確保

安 心 箱

あんしん電話表
福祉ネットワーク

本人氏名	
生年月日	大正・昭和・平成・令和　　年　月　日（　歳）
住所	
配偶者氏名	（　歳）
電話	

区　分	氏　名	電話番号
火事・救急車	消　防　署	**119**
	警　察　署	110
主　治　医		
緊急時の連絡先	（本人との関係　　　） （本人との関係　　　）	
民生児童委員		

準備するもの

バスタオル・タオル
洗面用具
　小さ目の洗面用具
　ハブラシ・コップ
　石けん
湯のみ茶わん・はし
下着類、ティッシュ
上履き（スリッパ）
保険証（写し）

○○市社会福祉協議会○○○支所（でんわ）○○-○○○○

ポイント
　要配慮者支援は、決して避難対策だけではありません。ハード、ソフト両面の減災対策を行うことで、自宅での被害を最小限に抑えて安全を確保することがまず大切です。次に、被災してしまったあとは、多くの関係者が共助の活動として要配慮者に寄り添い、いたわることで心のケアをしっかり行うことです。

1　ハードの安全

　国の災害時要配慮者対策は、避難支援が中心になっています。しかし、たとえば地震被害を減らすのは避難だけではありません。建物を強くして壊れにくくする、家具の転倒防止をする、などによって避難しなくてもよい状況を作り、被害を軽減することがまず必要です。

2　ソフトの安全

　大災害ではライフラインが途絶するので、被害を最小限にとどめる準備が大切です。たとえば、水や食糧、生活用品の備蓄をしたり消火器を用意したりします。日常は病院のお泊りセットですが、災害時には非常用持出し品を入れる安心箱も有効です。親戚や知り合い、病院、福祉施設などの電話番号を大きな模造紙に書いて電話のそばに貼っている方もいます。とても安心感があるそうです。また、日常の地域活動の中で助けあいやボランティア活動を進めることも大切な準備です。

3　こころのケア

　いざ被災をすると、高齢者は専門家に相談するのに躊躇する傾向があります。「悩みや不安があったら相談してほしい」といわれますが、福祉の現場からみると、相談できるのはずいぶん力のある方です。自分がどんな悩みや不安を抱えているかはっきりしなかったり、自分を責めるだけで行動に移せない人こそ支援が必要です。

　被災者には専門家による助言の前に、隣近所からの声かけやいたわりあい、民生委員や福祉推進員などによる訪問活動、ボランティアによる傾聴活動が重要です。そして、要配慮者自身が被災せず、支援者となって心のケア活動をするのが最も望ましいのです。

6-6 要配慮者の自立支援

平時の自立支援が災害時に役立つ

近年、わが国の社会福祉政策においては「自立支援」が基本理念になっています。自立の程度にもよりますが、災害発生後に弱者として緊急的に救助・保護するだけでなく、高齢者・障がい者一人ひとりがもつ自立の可能性を災害時にも支援することが重要です。それが、平常時の地域社会の結びつきの強化にもつながります。

1 ハイリスクの要配慮者支援

自力では移動できない高齢者や障がい者、難病患者などのハイリスクの要配慮者への支援は、どちらかといえば、保健所や福祉担当など行政や社会福祉協議会が中心となります。一人ひとりの要配慮者支援台帳やカードを作ってしっかりと支援者や支援方法を決め、訓練を実施する方法です。

2 見守り型要配慮者支援

一人暮らしの高齢者などには、自力で行動できる人も多いのですが、万一に備えて早めに安否を確認することも大切です。いわば「見守り型」としての要配慮者支援です。こちらは、行政も協力しますが、地域の民生委員、自主防災組織らが中心となり、日常の見守り活動の延長として行われます。

3 自立支援

高齢者が介護予防や健康づくりに取り組むことは、本人の高齢期の人生を豊かにするとともに医療・福祉費の節減にも効果があります。防災の観点からも要配慮者数を減らしたり、自力避難できる人を増やします。

また、町内会などがお茶会を開いて高齢者の交流の場をつくったり、日常で見守り、声かけなどをすることは、高齢者の孤立化を防ぎ安心感の確保につながり、同時に災害時の迅速な安否確認や避難支援にも役立ちます。

このように考えると、高齢者や障がい者の自立支援施策の多くは、災害時にも役立つといえます。

4 関連死の防止

避難生活時には、特に高齢者はトイレに行きたくないため、水分や食事を控えがちになります。体力が弱まり、エコノミークラス症候群や感染症、熱中症などにかかりやすくなり、最悪の場合、関連死に至ります。そこでコミュニティや福祉関係者がいつも以上に気遣い、体力低下を防ぐことが極めて重要です。

6-7 福祉施設の防災計画

福祉防災計画図

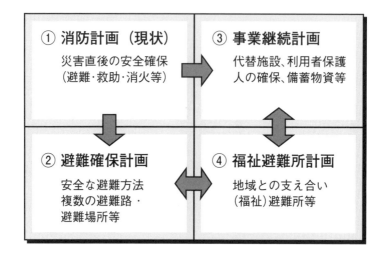

ポイント 福祉施設には主に火災に対応する消防計画の作成、訓練が義務付けられています。しかし、これは火災や地震発生直後の緊急対応が中心であり、大災害発生後に大規模、中長期的には対応できません。大災害を前提とすれば、より安全に避難するための避難確保計画、災害後も福祉支援を継続できる事業継続計画（BCP）、災害時要配慮者を受け入れる福祉避難所計画が必要です。

1 福祉施設の災害対応力

近年の災害では、多くの福祉施設が被災し、十分な災害対応力を有していないことが明らかになりました。これは福祉施設の防火防災計画や訓練が火災や地震発生直後の緊急対応が中心であり、大災害発生後の大規模で、中長期的な対応が不十分だからです。

2 避難確保計画

国は、近年、頻発する水害を背景に、2017年6月に「水防法」及び「土砂災害防止法」を改正し、浸水想定区域や土砂災害警戒区域内の要配慮者利用施設（福祉施設、病院、学校等）に対し、避難確保計画の作成及び避難訓練の実施を義務付けました。

福祉施設の利用者は認知症患者、知的や精神の障がい者、視覚障がい者、車いす利用者など、それぞれ個別性が強いのが実情です。したがって、施設は施設の特性、各利用者の個別性に配慮して、計画、訓練、見直しを真剣に行い、実効性を高めなければなりません。

3 事業継続計画（BCP）

大災害であっても福祉施設職員は避難先で福祉利用者のケアを継続しなければなりません。これを効果的に実施するためには、福祉施設が事業継続計画（BCP）を作成し、代替避難施設の選定、及び避難先での十分な備蓄や訓練をしておく必要があります。しかし、その策定率は非常に低い状況にあります。

4 福祉避難所

過去の大災害では、施設が無事であれば必ずといっていいほど、近隣住民や高齢者等が避難を求めてきます。このとき、施設が避難受入れを断ることは難しいのが実情です。このため、一般の避難者と福祉ニーズのある避難者が混在し、混乱が大きくなりやすくなります。あらかじめ、一定のルールを決め、地域住民と協力して高齢者等を支える必要があります。

⑦ 役に立つマニュアルづくり

7-1 応急対応マニュアルとは

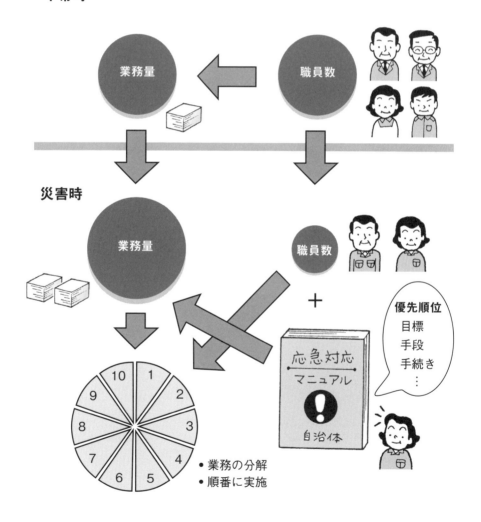

災害発生直後は、膨大な応急対応業務が発生しますが、一方で極めて限られた人員で対応しなければなりません。自治体職員向けの応急対応マニュアルは、地域防災計画の実効性が確保されるように、職員などの対応手順を時系列的に整備したものです。このマニュアルに基づく訓練により、災害発生直後の対応能力の向上を図ることが重要です。

1　マニュアルはなぜ必要か

　大地震が発生したときには、自治体職員は膨大な応急対策業務に追われます。さらに、時間の経過とともにそのニーズはさまざまに変化します。

　限られた人員、時間の中でこれらのニーズに的確に応えていくためには、自治体職員の心構えはもとより、行動の裏づけとなる具体的な対応マニュアルが不可欠になります。防災担当者ならば、地域防災計画だけでは抽象的で不十分なことがすぐにわかるでしょう。

2　マニュアル作成の効果

　災害時には、想定していなかったことが起きるのが常であり、あらゆることをマニュアルに記載することはできません。マニュアルを作成することは、その効果と限界を理解しながら必要十分な内容を積み上げていく作業です。さらに、訓練・検証し、改訂することで、マニュアルと人間の両方を鍛え上げていくプロセスになります。したがって、できるだけ多くの職員がマニュアルづくりに参加することが望ましいといえます。

3　マニュアルの習熟化

　マニュアルを作成した職員は、その内容をよく理解できますが、首長をはじめ他職員にとってはマニュアルは与えられたものに過ぎません。したがって、本番では十分には使えないおそれがあります。

　そこで、多くの職員にマニュアルの内容を説明し、繰り返し訓練を行うことが必要です。その際、リアリティのある訓練とするため、地震マップを使った本番に近い被害想定であることを示してはどうでしょうか。また、抜き打ちで訓練を実施するのも効果的だと考えます。

7-2 マニュアルの種類

1 目標設定（首長・幹部職員・PT）

時間 応急活動	発生30分以内	30分〜2時間	
1 災害対策本部	・本部を設置する ・災害概況整理 　→本部長・本部員に連絡	・第1回災害対策本部会議開催	
2 職員参集	・近隣職員○○名参集	・本部員全員参集 ・活動可能人員報告	

2 必要事項記入（担当部班が職員参加で行う）

　1　災害対策本部設置
　　・本部室　本庁舎3階防災センター
　　・看板　○○倉庫からすぐ持参する
　2　災害概況整理
　　・気象庁の発表
　　・マスコミ報道（ビデオ録画）
　　・近隣職員通報

3A
活動内容別マニュアル

概要

本編

3B
組織別マニュアル

（1）首長用

（2）部班長用

（3）職員用

自治体が作成したマニュアルは2種類に大別できます。一つは、活動内容別に職員の役割分担や手順を示したものです。もう一つは、災害対策本部の組織別に活動内容、役割分担や手順を示したものです。
　今後は、時系列ごとの活動目標、活動内容の優先順位、本部長・部門責任者・一般職員の役割などを意識したマニュアルが必要になってきます。

1　活動内容

　市区町村が作成すべきマニュアルの主なものをあげると、以下のようになります。①災害対策本部設置・運営、②職員参集・動員、③地震等災害情報収集・伝達、④被害情報の収集・伝達、⑤応援要請・受入れ、⑥住民への広報、情報共有化、⑦報道対応、⑧医療救護、⑨災害時要配慮者支援、⑩道路の確保、⑪(福祉)避難所開設・運営、⑫応急給水、⑬食料・生活必需品供給、⑭し尿・廃棄物処理、⑮遺体、埋・火葬、⑯学校教育、⑰被害調査、⑱衛生、防疫、⑲動物保護、⑳ボランティア連携

2　組織別

　災害応急対策の活動内容全体を理解するには、活動内容別のマニュアルが必要不可欠ですが、自治体職員からみると、自分の所属する組織は何をするのかがよくわかりません。そこで組織別のマニュアルが必要になります。
　一般に、地域防災計画には自治体の災害対策本部の活動計画が記載されています。そこでは、平常時の〇〇部〇〇課の組織を、災害対策〇〇部〇〇班と編成し直し、主な活動内容、役割分担が示されています。これならば、自分の組織が何をすべきかよくわかります。
　一方で、ほかの班と連携すべきものをどうするか、業務に繁閑があるときでもほかの班を応援するというインセンティブが働くのかという問題も残ります。

コラム

担当者への分権とトップによる進行管理

　大災害時のような緊急事態で拙速が重要な場面において最も効果的な戦略は何でしょう。それは担当者への権限委譲です。担当者は最適な行動を自ら考え、迅速でモラールの高い行動を示すと期待されます。
　トップの大きな役割は、危機対策全体の進行を管理することです。ある部門が目標に対して大きく遅れているならば、他部門から人材、資源を転用したり、それでも不足する場合は外部からの支援を要請するなどして、現場を支援することが大切です。

7-3 災害対策本部

災害対策本部

避難所

現場職員

支援

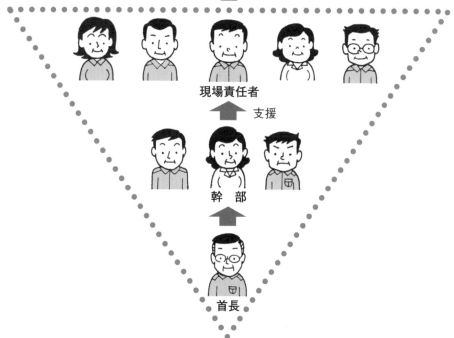

現場責任者

支援

幹部

首長

ポイント
　マニュアルは勤務時間内と勤務時間外とでは異なります。本書では、これ以降、すべて条件の悪い勤務時間外を想定して話をすすめます。
　災害対策本部は、首長がその設置を決定します。しかし、首長がすぐには参集できないときにも、本部が機能するように事前に対策を講じておく必要があります。

1　30分後の目標

　災害対策本部の設置が決定され、本部室が設営されています。気象庁やマスコミからの災害のおおまかな情報が整理され、本部員に伝えられています。職員が次々と参集しています。

　首長がけがをしたり交通事情が悪くてすぐには参集できないときは、副首長・防災担当部課長と連絡を取り合って対処します。また連絡が取れないときの対応は、事前にマニュアルに定めたとおり、職務代理者が本部を設置します。

2　2時間後の目標

　第1回災害対策本部会議が開催されました。議題は、①被害のおおまかな状況、②職員の参集状況、③今後の優先すべき活動、④国、都道府県、他自治体、民間団体、自衛隊等への応援要請、⑤住民及び報道機関への広報、⑥災害救助法の適用申請、などです。

3　24時間後の目標

　第2回災害対策本部会議が開催されました。議題は、①詳細な被害状況、②災対各部による住民生活支援状況、③今後の優先すべき活動内容の検討、④住民及び報道機関への復旧見通しを含めた広報、などです。職員の疲労度、各部の進行状況から活動内容の修正を行っています。

7-4 情報収集・共有化

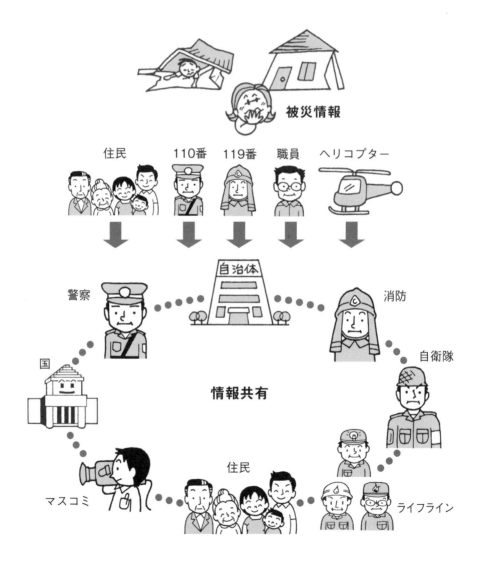

情報収集は、被害状況の把握と迅速な応急対策の基盤となります。このため、自治体職員が自ら情報収集にあたると同時に、住民、110番通報、119番通報をも活用して早期に概括的な被害状況を把握できるようにします。
そして、被害状況を住民、国や都道府県、消防・警察・自衛隊などと共有化することにより、それぞれが自発的に最適な行動ができるよう促します。

1 30分後の目標

地域のおおまかな被害状況を把握します。情報源は、住民、職員、110番、119番、マスコミ報道などになります。被害状況を国・都道府県、マスコミ等へ無線やファクシミリなどで報告します。また、ライフライン機関に被害状況を問い合わせます。

2 2時間後の目標

被害状況を整理し、被害の全体像を把握します。住民などからの通報が順次、的確に記録されます。災害対策本部→国・都道府県→マスコミ・住民へと情報がスムーズに流れます。
また、ライフライン機関に復旧の見通しを問い合わせます。

3 防災機関の情報共有化

国、自治体や防災関係機関はそれぞれの目的に応じて情報を収集していますが、全体としての情報共有化がなされていません。たとえば、119番に入った情報は自治体や警察とは共有されず、同じ情報が堂々巡りする危険性があります。迅速で適切な応急対策を行うためには、防災無線やITを活用して各防災関係機関で情報が共有化されることが望ましいといえます。

4 住民との情報共有化

防災対策では自助、共助の役割が大きいことがわかってきました。住民が自発的に行動するためには、判断の根拠となる情報が十分に提供されなければなりません。防災機関は、従来、情報収集には熱心ではありましたが、情報提供は十分と言いがたい面がありました。ITの進展できめ細かな地域情報を低価格で提供できる条件が整いつつありますので、ホームページやSNSにより住民との情報共有化を積極的に進めることが大切です。
また、場合によっては施設に紙で貼り出すことも有効です。

7-5 救出・医療・救護

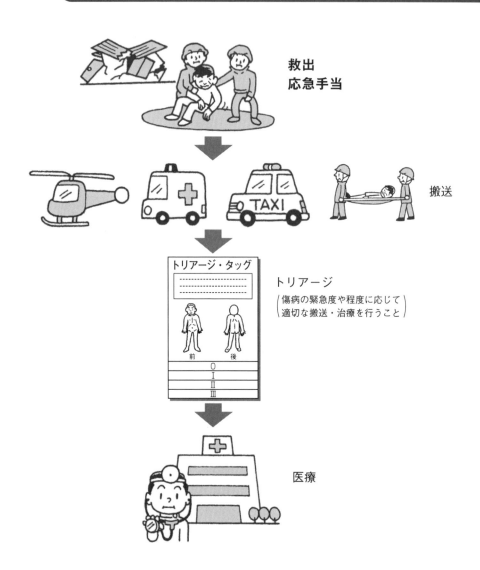

災害発生後、最初の24時間は、生存者の救出活動に全力をあげなければなりません。けが人や病気の人については、診療可能な医療機関に搬送します。大勢のけが人がいる場合は、現場で応急処置ができるように医療救護の応援要請をします。また、現地で診療が困難なけが人などは、ヘリコプターなどで搬送されることもあります。

1 30分後の目標

　死傷者の発生状況をおおまかに把握します。あらかじめ救助担当に指定した近隣職員は、無線などで被害状況を通報し、住民と協力して救助活動に従事しています。

　医療機関の被災状況をおおまかに把握しています。

2 2時間後の目標

　自治体職員で急を要しない仕事に従事している職員は、救助活動を行います。

　大勢のけが人が出ているようなときは、医師会による医療救護班の応援要請をします。指定された避難所には、保健室などに医療救護所を開設し、負傷者が応急医療を受けています。

　被災した病院には、入院患者の移送、給水等を支援します。

　住民には診断可能な病院、被災して診療ができない病院を広報します。

3 24時間後の目標

　すべての傷病者が医療機関や救護所で治療を受けてもらっています。

　不足する医薬品や医療資機材の調達、搬送がなされています。

　病状が悪化したり、高次医療の必要な傷病者がヘリコプターなどで後方搬送されます。

　また、住民にはすべての診療可能な病院、医療救護所の情報及び被災して診療ができない病院を広報しています。

7-6 避難所、福祉避難所

大規模地震の発生後、避難誘導とともに避難所が開設され、避難者の受け入れが始まります。あらかじめ避難所担当に指定した自治体職員や教員、住民防災組織が協力して避難所運営本部を立ち上げます。避難者の協力を得ながら、自主的に運営できる態勢を早期に確立することを目指します。

1　30分後の目標

　避難所の鍵を預かっている避難所担当の自治体職員、教員や近隣住民が避難所に集合します。避難所開設のための準備・点検を開始します。
　また、要配慮者の多い地域では福祉施設を中心に福祉避難所を開設します。

2　2時間後の目標

　避難の勧告・指示が出された場合、警察・消防と協力して、地域や住民防災組織単位で避難所への避難を誘導しています。
　職員や教員が避難所を開設して、避難者を受け入れます。
　受け入れ時に避難者カードを記入いただき、避難者名簿を作成します。避難所は、あらかじめ指定した体育館や教室を使います。場所の確保は、要配慮者に特に配慮し、早い者勝ちにならないように配慮します。
　毛布などの備蓄物資を支給し、数が不足しそうな見込みのあるときは災害対策本部に要請します。

3　24時間後の目標

　職員や教員、住民防災組織など避難者の協力を得て、避難所運営本部が発足しています。運営本部では、総務班、給食・物資班、救護・衛生班などの組織を立ち上げ、役割を分担しながら公平に情報や物資が流れるように配慮します。
　災害用伝言ダイヤル171への登録を奨めます。
　その後、徐々にボランティアが避難所運営を支援していきます。

福祉避難所は二次避難所？

　福祉避難所は、災害時に、一般の避難所では避難生活が困難な、高齢者や障がい者、妊婦など要配慮者のための避難施設を言います。一般の避難所での生活が困難な人を移送するという運用をしている市区町村が多くありますが、重度の要配慮者は最初から家族と一緒に福祉避難所に直接避難をするほうが体調も崩さず避難生活を送りやすくなります。

7-7 食料、水、生活必需品の供給

避難所運営連絡会

水道の被害状況を確認します。給水を最も必要とする医療機関、救護所、要配慮者関連施設が断水しているときは、早期に給水態勢を整えます。
　食料・生活必需品については、当初は避難所の備蓄物資で対応します。避難所運営本部が立ち上がり、必要な物資、数量を把握してから態勢を整えて供給します。

1　2時間後の目標

　水道施設の被害状況や断水の状況を確認します。水道施設復旧の応援要請を行います。
　あらかじめ指定した担当職員が、給水槽や深井戸などで応急給水の準備を開始します。緊急に給水が必要な医療機関、救護所、要配慮者関連施設を把握し、給水を開始します。

2　24時間後の目標

　水道施設復旧の応援隊を受け入れます。断水している一般家庭へ給水槽や深井戸などからの給水が開始されます。
　食料・生活必需品については、当初は、避難所の備蓄倉庫や自治体の倉庫にある備蓄物資で対応します。調達が必要な食料・生活必需品のおおまかな数を把握します。
　防災協定等に基づいて地域で被災していないスーパーなどに食料・生活必需品の供給を要請します。

3　3日後の目標

　水道施設が復旧し、一般家庭では平常どおりに使用できるようになりました。
　他自治体や流通備蓄の協定を結んだ指定業者から、指定された避難所等に食料・生活必需品などが配送されます。全国からの支援物資が指定の集結場所に集められ、避難所に整然と受け入れられています。ボランティアにより、要配慮者や住民にきめ細かい対応がなされています。

7-8 遺体、埋火葬

遺体取扱いの流れ （東京都）

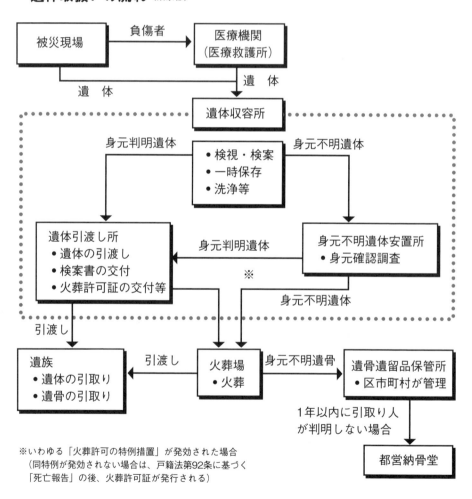

※いわゆる「火葬許可の特例措置」が発効された場合
（同特例が発効されない場合は、戸籍法第92条に基づく
「死亡報告」の後、火葬許可証が発行される）

遺体を収容する棺おけや袋などは、自治体が事前に備蓄しておくべき物資といえます。遺体に関しては、遺族の感情に配慮した丁寧な対応が必要です。
　遺体はあらかじめ指定した遺体収容所に安置しますが、被害が甚大な場合は、学校などに仮収容します。身元の判明した遺体は、遺族に引き渡しますが、身元不明の遺体については火葬後、遺骨を保管します。

1　2時間後の目標

　遺体の有無についておおまかに把握します。
　あらかじめ指定した遺体収容所となる施設の被災を確認します。担当職員が、備蓄倉庫で遺体を収容する棺おけや袋を点検します。流通備蓄の場合は、指定業者に棺おけや袋の配送を要請します。
　なお、遺体に関しては、遺族の感情に配慮した丁寧な対応が必要です。

2　24時間後の目標

　遺体が収容・安置され、検視・検案、一時保存、引渡し、火葬許可証の発行が行われます。医療救護班の医師が参集しているときは、可能な範囲で死亡確認などの作業に協力しています。
　遺体収容所が被災したり、道路不通などで遺体の収容ができないときは、学校や空地への仮収容を検討します。

3　3日後の目標

　遺体の収容場所では、遺体が傷まないように保存に配慮するとともに、洗浄や消毒をします。身元不明の遺体については、火葬に付した後、遺留品とともに遺骨遺留品保管所に保管します。

7-9 ボランティアの受け入れ・支援

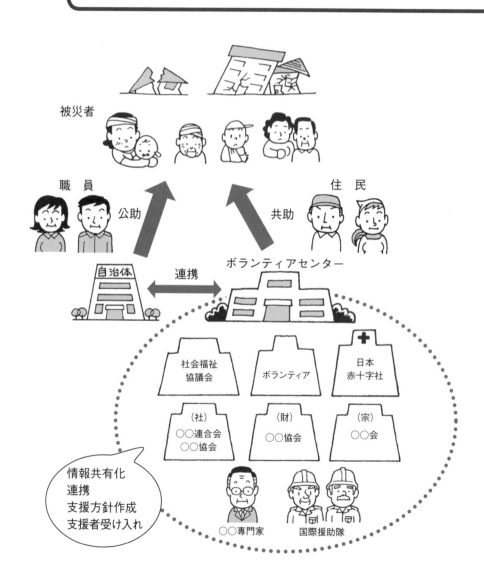

近年、民間の支援団体やボランティアによる被災者の支援活動が活発になってきました。そこで、自治体は、支援団体やボランティアの活動拠点となるボランティアセンターを早急に立ち上げることが大切です。ボランティアセンターは被災地の情報の結節点となるとともに、民間による自律的な支援活動を促進します。

1 24時間後の目標

　担当職員があらかじめ指定された施設にボランティアセンターを開設し、ボランティアを受け入れます。ボランティアカードなどに記入いただき、名簿を作成します。ボランティアに災害情報を提供する準備に取りかかります。

2 3日後の目標

　自治体・社会福祉協議会・日本赤十字社・ボランティア団体・各支援団体などが協議して、ボランティアセンターの運営体制が発足します。近年は社会福祉協議会が中心となっています。しかし、社会福祉協議会には災害時に、本来の地域福祉活動も求められます。早めに応援職員を確保して両立をめざすことが必要です。

　自治体・社会福祉協議会・NPO・ボランティア活動団体の会議が設置され、情報共有、基本的な支援方策や役割分担が話し合われます。センターの自主的な判断により、ボランティアや専門家が支援を必要とする場所に派遣されます。

3 7日後の目標

　ボランティアセンターにボランティアが多数参集しています。ボランティアが交代で支援する体制ができてきました。医療、福祉、法律など専門的知識を持つボランティアが必要な支援を行っています。

　センターでは関係者による定期的な連携会議が行われ、迅速で効果的な支援が協議され、実行に移されています。

　自治体との連携が軌道に乗り、生活必需品などの数が不足しそうなときは災害対策本部に要請します。

　ボランティアセンターを中核として、住民が住民を支援する共助活動が盛んに行われ、不足する部分を自治体が補完しています。

⑧ 実践的な防災教育・訓練

8-1 基礎的訓練

(1) 基礎訓練

(2) 防災計画

自主防災組織や地域の防災訓練の機会に、基礎的な技術を身につけましょう。
　①近隣の安否、出火の有無を確認し情報を伝達、②初期消火のために、消火器、小型ポンプの訓練、③救出時に必要なバールなど救出工具の使い方、④けが人への応急手当など、基礎的な訓練を繰り返すことが大切です。地震災害だけでなく、火災、台風のときなどにも役立ちます。

1　情報収集・伝達

　正しい情報収集・伝達は、社会的混乱を防止し、住民、地域、自治体が適切な防災対策を実施するために重要な活動です。きめの細かい活動は、やはり地域の自主防災組織が中心になって行うことが必要です。

　防災訓練では、ある地区における近隣の安否や出火の有無、建物にどのような被害があったかを、無線や電話、あるいは口頭で正確かつ迅速に漏れなく伝えられるようにします。

2　初期消火

　地震被害を拡大する大きな要因は火災です。家庭では、消火器、三角バケツ、浴槽への水のくみ置きなどの準備をします。また、近隣事業所と話し合いをして、協力体制を作ることも有効です。防災訓練では、消防署や消防団の指導により、消火器、バケツリレーや小型ポンプの使い方を習得します。

3　救出・救護

　災害時には、警察・消防などの救出や救護活動が遅れる可能性があります。これに備えて、救出・救護に必要な物資や器材を準備し、その使い方を習得しておくことが大切です。

　防災訓練では、救出に必要なバールやジャッキなど救出工具の使い方、けが人への応急手当法などを学びます。

4　防災計画

　自主防災組織の防災計画や地区防災計画では、まず組織づくりが大切です。これは、個人の活動に比べて組織活動のほうが高い行動力を持つからです。自主防災組織の長を決め、情報班、消火班、救出班、避難誘導班、給食・給水班などを組織します。

　次に、それぞれの班の活動計画を作成します。消防署などの支援を受けながら、実際に防災訓練などで繰り返し班活動を行うことで身につけていきます。

8-2 応用訓練

発災対応型訓練

1　準備
　企画担当者は消防署員等と相談してまちのあちこちに火点やけが人の準備をする。

2　訓練
　火災を発見した人はバケツや消火器を家から持ってくる。木材の下敷きになった人を救出するため、何人かで力を合わせて動かす。
　すべての火災を消し止め、全員を救出したら終了。

3　反省会
　ビデオや写真を撮って記録を残し、全員で良い点、悪かった点を話し合う。

基礎的な訓練がマンネリ化したと感じられるようになったら、ゲーム性や意外性を持たせた応用訓練に挑戦してみましょう。応用訓練の代表は発災対応型訓練です。これは実際の災害を想定し、火災の発生場所、けが人のいる場所などを事前には参加者に知らせず、臨機応変に対応する訓練です。とっさの判断が求められることで、災害対応力が高くなります。

1　準備

　まず、まちの特性にあわせて訓練目的をはっきりとさせます。たとえば、木造住宅が多く、火災の危険性が高ければ初期消火と救出・救助に重点をおいて企画します。実務的には、消防・警察・関係団体などと協力しながら進めていきます。火災を示す絵や倒木、人形などの必要な道具、材料を収集したり作成したりします。また、住民への広報も大切な準備です。

2　訓練実施

　訓練を開始します。
　家の外に出る前に、自分と家族の身を守ってください。大きな揺れを想像し、家のどこにいたらどのような対応をしなければならないかを話し合いましょう。
　次に、まちの中で火災を発見しました。消防署に連絡するか近くの人に知らせましょう。近くの街頭消火器の場所はわかりますか。なければ、家から消火器を持ち出すか、バケツを持ってきましょう。水はどこですか。
　倒れている人がいました。声をかけても返事がありません。あなたに救命技能の心得があれば、近くの人に救急車を呼んでもらい、早速、心肺蘇生をしましょう。材木の下敷きになって、足にけがをして動けない人がいたらどうしますか。
　すべての火災を消し止め、全員を救助したら訓練を終了します。

3　反省会

　訓練が終わったら反省会をします。うまくいったこと、うまくいかなかったことを話し合います。アメリカ陸軍ではAARという振り返り訓練を実施しています。①目標は何であったか、②実際にはどうなったか、③その差はどうして生じたか、④次はどうすれば良いか、を考え記録します。また、訓練の様子をビデオやカメラで記録しておくと効果が高まります。反省の結果はどうでしたか。まちの危険箇所を地図化する、防災資機材を点検し使い方を学ぶ、救命講習を受けるなど、たくさんの課題が出てくるでしょう。消防署や自治体と相談しながら、一歩ずつ前進していきましょう。このような真剣な防災訓練は、災害時だけでなく、日常から住み良い安全なまちづくりに役立ちます。

8-3 防災教育（1）（災害イメージの伝達）

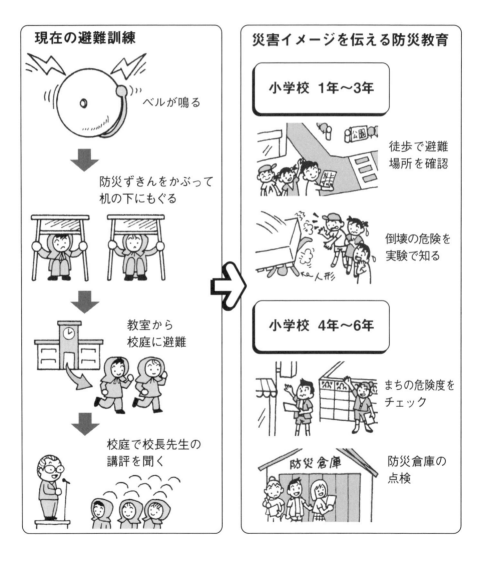

小中学校で行われている防災教育といえば、ほとんどが避難訓練だけです。これでは、災害時に自らの身を守る教育にはほど遠い状況です。防災教育は、知育、体育、徳育の三位一体で考え、知識、行動力、ボランティア精神を育てることが大切です。そして、災害はなぜ起きるのか、災害時にはどう行動すればよいのかをイメージできるように教育します。

1　防災教育の現状

　防災教育は、近い将来に予想される災害から、子どもたちの貴重な命を守るとともに、防災意識の高い人材を育成して社会全体の防災力を高めるために大変重要です。

　しかし、全国の小中学校で行われている防災教育といえば、ほとんどが定期的な一過性の避難訓練です。先生の指示に基づいて避難するだけならば、防災意識、知識、技術の習得にはあまり結びつきません。

2　防災教育の狙い

　文部科学省の「生きる力」を育む防災教育の展開第2章の「防災教育のねらい」によると、防災教育の狙いは以下の3つです。

　1つ目は「自然災害等の現状、原因及び減災等について理解を深め、現在及び将来に直面する災害に対して、的確な思考・判断に基づく適切な意思決定や行動選択ができる。(知識、思考・判断)」、2つ目は、「地震、台風の発生等に伴う危険を理解・予測し、自らの安全を確保するための行動ができるようにするとともに、日常的な備えができる。(危険予測、主体的な行動)」、3つ目は「自他の生命を尊重し、安全で安心な社会づくりの重要性を認識して、学校、家庭及び地域社会の安全活動に進んで参加・協力し、貢献できる。(社会貢献、支援者の基盤)」です。

　児童生徒は学校教育、家庭教育、地域教育のそれぞれの場において、このような防災力を身に付けることが求められます。

3　大切なのは災害イメージ

　地震がどういうものかわからない人は、真剣に地震への対応を考えることはできません。地震発生から時間の経過に伴って、自分の周辺でどのようなことが起こるかを具体的にイメージし、適切に対応できるように自ら考えられるのが理想です。

　そのためには、子どもたちの発達段階に応じて実践的でリアリティのある訓練を積み重ねる必要があります。小学校の低学年であれば、避難場所まで歩かせてみたり、実際にタンスを倒してその下敷きになることをイメージさせます。小学校高学年では、実際にまち歩きをして、地図にまちの危険個所などの地域情報を書き込みながら、手作りの防災マップを作製します。また、学校の防災倉庫の点検を行い、防災資機材の使い方を学ぶことも効果的です。

8-4 防災教育（2）（危機管理）

防災教育

災害・危機管理をテーマにしたディスカッションなど

危機管理とは、危機という考えたくないことを考え、対応策をイメージする訓練でもあります。中学生になるとDIGの手法を使った危機管理教育が最適でしょう。
　子どもたちが、危機の種類や対応方法をまず自分で考え、次にグループで話し合いながら修正します。危機を管理するのは自分たち自身であることを理解させることが大切です。

1　ゲーム感覚の災害図上訓練「DIG」

　市民がゲーム感覚で災害対応策を身につけられる図上訓練に「DIG」があります。DIGは"Disaster Imagination Game"の略で、日常生活で見落としている地域の災害関連情報を再発見することが狙いです。

　実際には、10人前後のグループに分かれ、住民が地図に避難所や危険箇所などの地域情報を書き込みながら、手作りのハザードマップを作製します。また、上級になると地域の災害想定を基に、テーブルの上に広げた住宅地図に倒壊家屋やブロック塀などの危険箇所、避難所、病院などの安全箇所をマジックで色分けしていきます。

2　災害のイメージトレーニング

　中学生には、DIGの手法を使って災害のイメージトレーニングをしてみましょう。

　学校の周囲の地図を用意して、道路、病院、住宅などのまちの状況を把握します。大地震を想定して、危険な道や建物があったら、仲間と対話しながら地図に被害などを書き込んでいきます。自分たちのまちが災害にあったら、どのように変わるかを具体的にイメージできるようになります。

3　危機管理のトレーニング

　個人レベルの危機管理とは、第一に緊急事態を予知・予防することです。第二に、緊急事態が発生した後には、すばやく対応して被害を最小限にとどめることが重要です。

　まず、子どもたちが身のまわりにどのような危機があるのかを、自分一人で考えて書き出します。病気、犯罪、火災、いじめ、転校、地震、台風などがあがるでしょう。

　自分はその危機に対してどうすればよいかを次に書き出させます。第一に、危機を予知・予防できますか。そのための手段は何でしょうか。第二に、そのような危機がすでに発生したときに、どのように対応すれば被害を最小限にとどめられますか。

　最後に、グループでその危機を共有します。自分一人では見えなかったことが、話し合いの中からどんどん見えてきて、考えが深まります。

8-5 防災教育（3）（避難の3原則）

中学生が小学生を守る！

釜石市では、東日本大震災により死者・行方不明者が約1,300人に上りました。その中で市内の小中学生の99.8%が津波から無事に逃げ切りました。それは8年間に及び、避難の3原則を教えてきた釜石市の防災教育の成果です。

1　想定にとらわれるな
　釜石市のハザードマップは記録にはっきり残る最大の津波、すなわち明治三陸津波の浸水想定から防波堤の効果を除いたものです。そして、その津波よりも大きな津波がきたらどうなるかを聞きます。そうなると浸水想定区域はあくまで想定で、それ以上の災害が起こる可能性があると思えと教えています。

2　最善を尽くせ
　津波に対しては、ここまで来れば大丈夫だろうではなく、そのときできる最善の行動をとらなければなりません。人はそのときにできる最善を尽くすほかはないのです。今回は、中学生があらかじめ決めていた避難所よりも、さらに高台に避難しました。これは子どもたち自身が最善を尽くそうとした結果です。

3　率先避難者たれ
　津波の警報があっても避難しない人が多くいます。人には「自分だけは大丈夫」という「正常性のバイアス」があるためです。しかし、誰かが避難すると一緒に避難しやすくなります。これを同調性バイアスといいます。そこで、中学校では、まず、自分が避難することで、結果的に多くの人を助けることができると教えていました。今回、中学生が率先して避難し、それを見た小学生や地域の人が一緒に避難して助かりました。

8-6 市区町村の図上訓練

自治体の防災訓練

ドリル型

評価者

- 災害状況と対応策が時系列に整理されている。
- 訓練する人はシナリオを事前に知っている。
- シナリオどおりにできたかを点検し講評する。

エクササイズ型

- 現実に起こり得る災害状況が時系列に並んでいる。
- 訓練する人は事前に内容を知らない。

訓練の評価を記録し、マニュアルや次回の訓練に活かす。

評価者

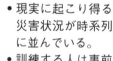

○○班訓練
- 状況の共有化
- 対応策検討
- 対応策決定

- 訓練
- 記録
- 訓練の評価

○○班訓練
- 状況の共有化
- 対応策検討
- 対応策決定

- 訓練
- 記録
- 訓練の評価

日本の自治体や多くの防災機関の訓練は、ドリル型訓練といわれ、シナリオがあって、そのとおり行動できるかどうか試すものです。一方、アメリカの危機管理部門はエクササイズ型訓練で、シナリオのない災害を想定して、それに対し各部署がどのように対応するのか実践的に訓練します。緊急対応の頭をつくるには、エクササイズ型の訓練が必要です。

1　FEMA危機管理官の忠告

2001年当時、日本の危機管理態勢を1年間にわたって研究したFEMA（アメリカ連邦危機管理庁）のレオ・ボスナー危機管理専門官は、自治体の防災体制について「ほとんどの県庁と市区町村の災害対応の職員は、片手間で災害対応任務を与えられているにすぎない。訓練もほんの少し受けるか、ほとんど受けないかのいずれかである。米国の全州政府、多くの米国の市には、常勤の危機管理専門職員が配置されている」と述べています。

2　ドリル型訓練

日本の市区町村をはじめ、多くの防災機関の防災訓練は、災害応急実訓練（Disaster response drill）といわれます。災害状況と対応策を時系列、担当者別に整理したシナリオがあって、訓練を受ける人はそのシナリオを事前に読んで、リハーサルを重ねます。

本番の訓練では、そのシナリオのとおりに行動できるかどうか試します。

3　エクササイズ型訓練

アメリカの危機管理部門が行うのは災害応急模擬訓練（Disaster response exercise）で、シナリオのない災害を想定して、それに対し各部署がどのように対応するのか実践的に訓練するものです。

災害、危機に関する情報をその場で次々に流しながら、その対応を実践的に訓練することが「緊急対応の頭をつくる」方法だというのです。

本番の訓練では、現実に起こり得る災害状況が時系列に示されますが、訓練を受ける人は状況を事前には知りません。災害状況を知らされてから、関係者でその情報を共有化し、対応策を検討し、決定します。そのプロセスは記録され、評価者によって点検されます。これが次回の訓練やマニュアルの改訂に活かされます。

8-7 広域行政の図上訓練

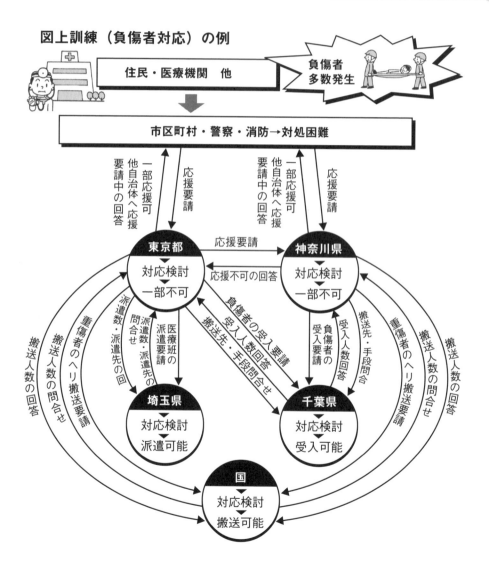

図上訓練（負傷者対応）の例

震災などの大災害が発生し、一つの自治体で十分な対応ができない場合には、他の自治体や国に支援を要請しなければなりません。
　災害情報を集約し、要請先や必要な項目、書類などを確認して、応援要請します。実際に、他自治体や国と合同で訓練することで一層効果が高まります。

1　自治体・防災関係機関の連携

　災害対策は自治体の自治事務ですが、大災害になると国や他自治体、関係団体と連携を取らなければなりません。しかし、その仕組みが十分にはできていません。

　防災機関も、警察は都道府県警察本部長、消防は市区町村長、自衛隊は師団長など指揮命令系統がバラバラで、相互に相手方の具体的な計画、態勢について情報を共有していません。

　このため、自治体・防災関係機関が合同で防災訓練を実施することで、縦割り組織の弊害を取り除く努力をする必要があります。

2　九都県市合同防災訓練

　毎年1月、首都圏の九都県・政令市は、国・関係防災機関相互連携の下、首都直下地震に対する合同図上訓練を実施しています。

　訓練は、ロールプレーイング方式（与えられた災害状況から対策案を検討し、ほかの防災機関などと連携・調整しながら応急対策活動を進める）で、災害現場への人員派遣などを伴わない図上訓練です。

　組織は統制部と演習部に分かれます。統制部はシナリオに従い演習部に状況を付与するなど訓練の進行を担当し、演習部が実際に訓練を受けます。演習部には訓練の詳細は一切知らされません。

　日本の場合、国や自治体の職員が短期の人事ローテーションで頻繁に異動するため、ノウハウの蓄積が難しい状況にありますが、このような訓練を積み重ねることで、少なくともマニュアルの充実を図ることが大切です。

⑨ 防災条例

9-1 自治事務と条例化

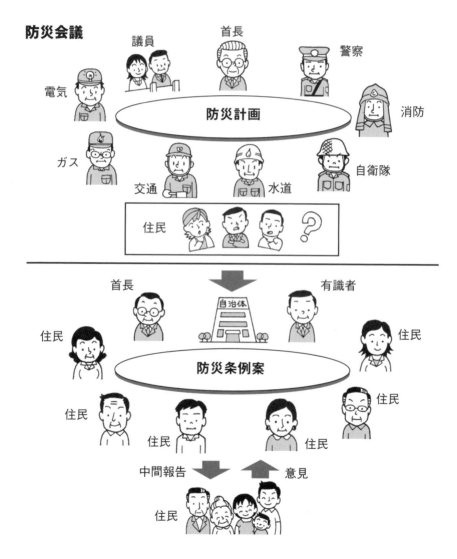

災害対策は自治事務です。したがって、自治体には住民の防災意識を高め、防災政策を継続的・戦略的に実施することが求められます。それには、戦略を自治立法化する条例が有効です。最近は、広範な住民参加により条例案が議論されるようになってきましたが、より民主的であると同時に条例制定後の実効性を担保するうえでも望ましいといえます。

1 条例の意義

　自治体が、独自の地域課題に対応した政策を自治事務として自ら決定し、実施するためには、これを法的に裏づける条例化をすることが望ましいといえます。

　ここで、政策とは「問題を発見し、目標を立て、その手段を明らかにして、計画的に実施し、問題を解決するというプロセス」と定義します。

　自治体の政策は、それを条例で規範化することで法的な基盤をもち、議会の審議を通じて民主性の確保という正統性をもつことができます。

2 住民参加のルール化

　災害対策基本法をはじめ、一般的な法律では、自治体の政策は首長と議員に権限が委ねられ、住民が主体的に参加する仕組みは十分ではありません。

　そこで、自治体が独自に、住民参加の仕組みを制度として保障しようとするならば、条例によって法的ルール化を図ることが必要になります。たとえば、住民への情報公開や政策評価、説明責任、審議会の設置などは条例で決めることができます。

3 住民参加の効果

　最近は、広範な住民参加により条例案が議論されるようになってきました。これは、民主的プロセスをさらに徹底するとともに、住民ニーズを条例案に反映させ、条例制定後の政策の実効性を担保するために望ましいといえます。

　特に、住民が自ら担う部分が大きい防災に関しては、条例の制定過程にはできるだけ多くの住民が参加することが大切です。

　たとえば、審議会などの組織を設けて公募委員を入れるとともに、アンケートや中間報告などで住民の関心を高めていきます。住民とともに時間をかけて条例作りをすること自体が、条例の実効性の確保に生きてきます。

9-2 条例の効果（組織、予算、制度）

条例の効果
- 目標・理念の明確化
- 長期的な政策実施の法的担保
- 適正な手続きの法的保障
- 自治体内部の制度・予算・組織の法的基盤

条例は議会審議という民主的なプロセスを経て法的根拠を持ちます。このため、条例は政策の目標・理念を明らかにし、政策を実施する法的担保になります。具体的施策の決定、実施、評価を適正な手続きで実施するための法的保障でもあります。また、実務的には、組織、予算、制度を自治体内部で獲得する強力な根拠となります。

1 計画から条例へ

地方分権改革以後、政策の基本を定めるのは計画から条例に移りつつあるようにみえます。自治体の計画は、原則として首長の権限で作成することができ、延期したり、変更することも容易です。これに対して、条例は議会審議という民主的なプロセスを経て法的根拠を有しますから、簡単には変えられず、計画に比べると重みがあります。

2 目標・理念の明確化

政策の基本を定める条例には、抽象的な目的のほかに、達成すべき目標とこれを裏付ける理念が必要です。言い換えれば、この条例でどういう公共的課題を、どういう考え方で（理念）で、どの程度まで解決する（目標）のかを明らかにします。

3 長期的な政策実施の法的担保

条例の目標を達成するための施策は、常に説明され、評価され、住民ニーズや社会情勢の変化に合わせて微調整されます。しかし、条例の目標が達成されない限り、政策が継続されることは法的に担保されます。自治体が政策をすべて止めるときには、条例を廃止しなければならず、大きな法的責任が生じます。

4 適正手続きの法的保障

条例には、政策の方向性や重要な施策が示されますが、抽象的な規定にならざるを得ません。そこで、条例では、住民が具体的施策について説明を受け、進行状況を監視し、結果を評価できるような手続きを法的に保障することができます。

5 組織、予算、制度

現代の自治体は、組織、予算、制度がなければ動けません。条例は、自治体の中では最も強い正統性をもつ法的規範ですから、自治体内部で組織をつくったり、予算や職員を確保したり、あるいは新たな制度を設けるための強力な根拠となります。

9-3 条例制定の手順

手順	キーワード解説
1 政策目標の明確化	**政策目標** 住民・自治体の求める理想の状態 **明確化** 実現可能な目標量、達成手段を明らかにする
2 現状分析	**法制度** 現在の法制度が政策目標の達成にどの程度貢献し、どのような乖離があるかを分析 **環境** 住民ニーズはどこにあるか。議会、国・自治体、外国
3 条例の目標設定	**政策課題** 政策目標と現状の水準との乖離 **条例の目標** 政策課題の中で条例によって対応すべき目標
4 立法事実の確定	**立法事実** 立法の合理性を支える社会的・経済的・文化的・一般的な事実。立法目的及びその達成手段が合理的であることが必要
5 条文化	**立法技術** 正確で明瞭な条文で、日常用語で表現される 関係法規との矛盾が生じないように体系化する
6 議会の議決	**民主的正統性** 住民代表の議会の審議、議決を経て正統性が確保される

条例は、一定の手順を経て制定、施行されます。概念的にいえば、「政策目標の明確化」→「現状分析」→「条例上の目標設定」→「立法事実の確定」→「条文化」→「議会の議決」という手順を踏むことが不可欠です。

1　政策目標の明確化と現状分析（法制度、組織、環境等）

　政策目標とは、住民や自治体の求める理想の状態です。これを理念にとどめるだけでなく実現化を図るためには、少なくとも実現可能な目標量を示し、その達成の手段が確保されるものでなくてはなりません。これを政策目標の明確化といいます。

　新たな政策が必要とされるのは、現行の法令や条例では解決できない問題が生じたときです。そこで、現在の法令や条例の仕組み、政策目標達成への貢献度合を分析することで問題との乖離を明らかにします。組織については、新たな政策目標を達成するに足る職員、予算、必要な機材、システムが確保されるかについて分析します。環境とは、その政策目標の実施に関して、自治体を取り巻く状況です。たとえば、住民、議会、関係自治体、国の行政機関、国際環境があげられます。

2　条例の目標設定と立法事実の確定

　政策目標と現状の水準との乖離を政策課題といいます。政策課題の中でも、条例や規則によって対応できる課題が立法課題です。立法課題の中で、その乖離をどこまで縮めるか、どの程度時間をかけられるかなどを精査して、条例の目標が設定されます。

　立法事実とは、立法の基礎にあってその合理性を支える社会的・経済的・文化的な一般的な事実をいいます。自治体が法律に抵触する可能性のある条例を作るためには、立法事実を法律以上に深化させる必要が生じます。一方、今の法律上の根拠に基づいて条例を制定する場合には、一応、その法律の立法事実を援用することができます。

3　条文化と議会の議決

　条文は各自治体の文書・法規担当と連携して作成します。条文は正確・明瞭であること、住民がわかりやすいように日常的な用語で表現されることが必要です。なお用語の定義は、関係法規との矛盾を生じないように注意します。

　条例は、最後に住民の代表として選挙された議会の審議、議決という民主的な手続きを経て公布・施行されます。

9-4 条例の内容

板橋区防災基本条例の概要

目的
1 災害から区民の命を守り、区民の身体及び財産を保護する
2 災害に強いまち板橋を築き、すべての人が安全に暮らすことができる社会を実現する

基本理念
1 「自立」と「助け合い」の精神を尊重することにより、すべての人が安全に暮らす
2 安全を守る地域社会の重要性を認識し、豊かな地域活動をはぐくむ
3 防災に関する知識、行動力を高め、助け合いの精神をはぐくむ

責務

区民
- 建築物の耐震性、耐火性の確保
- 家具の転倒防止
- 出火防止
- 初期消火に必要な用具の準備
- 飲料水、食料の確保
- 避難経路等についての確認
など

事業者
- 顧客、従業員、周辺住民の安全確保
- 施設の安全対策
- 事業所単位の防災計画の作成
- 防災に関する人材の育成
- 帰宅困難者対策　など

区
- 調査研究、必要な施策・体制の整備
- 情報提供、区民等の意見を求め積極的に反映
- 区民、事業者、国等との連携
- 区民等に対する支援
など

基本的施策

■予防対策
- 防災ひとづくりの推進
- 防災まちづくりの推進
- 要援護者への配慮

■応急対策
- 災害対策本部の設置
- 区民・事業者の協力を得国等と一体となった措置
- ボランティア等への支援

■復興対策
- 復興本部の設置
- 復興計画の策定
- 復興事業の実施

ポイント
条例で規定すべき内容は、条例の目的、目標・基本理念、各主体の責務、政策の方向性、民主的手続きの確保、重要施策などがあります。
ここでは、板橋区の防災基本条例を例に、条例の制定過程や基本理念がどう具体化されたかを見てみましょう。

1 条例で定める項目

条例で定めるべき項目は、条例の性質、対象により異なりますが、一般的には、条例の目的、条例の目標とこれを達成する考え方としての基本理念、住民、企業・団体、行政など各主体の責務、長期的・継続的に実施すべき政策の方向性、住民参加や審議会など民主的手続きの確保、重要施策などがあります。

2 条例の制定過程

板橋区は、条例の内容を審議するために、2001年8月、防災懇談会（会長　廣井脩東京大学教授）を設置しました。懇談会の委員は24名で、学識経験者2名、警察・消防関係者3名を除いて、残りは消防団、住民防災組織、区内事業所などの区民と10名の公募委員です。懇談会は夜間に行われ、常に時間を超過して議論されました。

懇談会の最終答申は、2002年1月21日に提出され、条例案はほぼこの答申に従って作成されています。条例案は区議会の審議を経て、原案どおりに可決され、2002年3月11日に公布、4月1日に施行されました。

東日本大震災発生後、条例は2012年10月、2013年3月の二度にわたって改正されました。主な改正点は、前文での東日本大震災への言及、災害医療救護、帰宅困難者対策、業務継続計画（BCP）、住民による避難所運営支援で、追加的に修正したものです。

3 基本理念

基本理念として、自助や行政機関の公助に限界があり、地域社会のさまざまな団体や人々が共助の考え方に基づいて助け合い、被害を最小限に止めることが大切だということが次第にコンセンサスを得ていきました。そこで、区民、事業者及び区が自立と助け合いの精神を尊重することにより、すべての人が安全に暮らすことができるように努めることを、第一の基本理念としました。

第二の基本理念は、区民、事業者及び区は、安全を守る地域社会の重要性を認識し、豊かな地域活動をはぐくむように努めることになりました。

第三の基本理念は、区民、事業者及び区は、防災に関する知識、技術を習得し、行動力を高め、また助け合いの精神をはぐくむことによりこれらを日常生活の中に生かし、災害時に備えるとともに、後の世代にこれらを継承していくこととしました。

9-5 条例に基づく施策化

施策化

防災ひとづくり
- 防災訓練
- 防災学習・教育
- リーダー育成
- 情報を共有化

防災まちづくり
- 減災目標
- 耐震補強支援
- 再開発
- 沿道不燃化

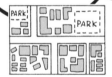

要援護者への配慮
- 要援護者マップ
- 要援護者支援マニュアル

ポイント　条例は大きな戦略になりますので、これを具体化するために戦術としての施策化が大切です。条例のアンケートや審議の内容は、市民ニーズの表れですから、実際に施策化する上で有効な提言になります。
　板橋区防災基本条例では、平常時の予防対策として「防災ひとづくり」「防災まちづくり」「要援護者への配慮」を重要施策としています。

1　防災ひとづくり

　防災ひとづくりとは、防災の決め手である人々の災害対応能力を高めるための実践的な防災訓練、防災教育、講座・研修などの取り組みをいいます。
　特徴的なこととして、2002年度から区立中学校24校（現在は22校）すべての3年生（年間約3,000名）を対象に普通救命技能講習を実施し、他人を助ける心と技能を培っています。

2　防災まちづくり

　条例の中でも、マスコミや議会からの反響が大きかったのは、以下の部分です。
　「第14条3　区は、学校、病院その他多数の者が利用する建築物の耐震性及び耐火性を確保するため、適切な指導を行うとともに、防災上の相談に応じ、必要と認めるときは、その改善について助言し、又は勧告することができる。
　第14条4　区は、前項の規定に基づく勧告を受けたものが、正当な理由なくその勧告に従わないときは、その旨を公表することができる。」
　公表規定は、耐震改修促進法の上乗せであり、全国的にも例がありませんでした。これは、病院や学校など多くの人が集まる施設については、その社会的な役割の大きさから、十分な耐震補強が行われるように、一歩踏み出して施策を講ずることが必要だと考えられたからです。
　板橋区では、公共施設の耐震化を計画的に実施し、危険度の高いものは完了しています。今後は、住宅の耐震化をどう進めるかが最大の課題になります。

3　要援護者への配慮

　板橋区の防災政策では、高齢者、障がい者など要援護者への配慮を重視し、これまで火災報知器の設置、家具転倒防止器具の取付助成を行っています。
　2013年2月には「板橋区災害時要援護者支援計画」を策定し、避難支援にとどまらず、全体的な災害時要援護者支援を網羅しています。また、縦割りを超えて総合的に実施するために福祉、医療保健、防災、地域振興部署等による災害時要援護者支援検討委員会を設置し、課題を検討しています。

人こそ防災推進のエンジン〜おわりに代えて

　本書を読んでいただき、ありがとうございます。

　これからの地域防災、自治体防災の大きな方向性は3つあります。1つ目は、住民主導のガバナンス型防災に舵を切ることです。わが国の防災体系は、「国の防災基本計画→都道府県の地域防災計画→市区町村の地域防災計画」と上意下達方式になっています。そして、災害が起こるたびに国が有識者を招集して、課題を洗い出し、新たな対策やガイドラインを発行することを繰り返してきました。その結果、おびただしいガイドラインや通達、通知が市区町村に届いています。しかし、こうしたガバメント型の防災対策は往々にして住民まで届かずに実効性に乏しいままです。

　むしろ、住民が主導して、地域に発生する可能性の高い外力に対応して身の丈にあった防災対策を考え、計画化し、訓練、見直しをしながら、防災のわがこと化を進めることが重要です。そして、地域の学校、福祉施設、病院、企業などの関係者と連携して計画を立案し、PDCAサイクルを回して継続的にレベルアップを進めるのです。それが「地区防災計画」です。本書では地区防災計画に関して新たに1章を書き起こして、計画作成ポイントや全国の良い事例を紹介しました。地区防災計画は、防災対策を行政主導のガバメント型から住民、行政、関係者連携のガバナンス型に切り替える大きな契機になると考えています。

　第2は、小規模自治体が、選択と集中により効果的に地域防災を進めることです。全国には1700を超える自治体がありますが、10万人以上の自治体はおおよそ300、10万人未満の小規模自治体はおおよそ1400です。東日本大震災以降の支援活動を通じて痛感したことは、小規模自治体が独力で災害対応したり、復旧復興することは非常に難しいということでした。たとえば、

熊本地震で被災した益城町は本震以後、5割以上の職員が避難所と物資対応に従事したため、次のステップに進むのに時間を要しました。すべての自治体がフル装備の防災対策を実施するのではなく、小規模自治体は住民の命を守り切る対策を選択し、そこに資源を集中し、他の災害対応業務は受援で乗り切ることです。一方で都道府県や政令市は、小規模自治体への応援業務を重要なミッションとして防災対策に組み込むことです。

　第3は、変えてはならない重要な防災対策を着実に進めることです。地震防災で最重要な耐震化対策については、持ち家での補助金支給にとどまることなく、賃貸住宅や低所得者対策をいかに進めるかに知恵を絞らなくてはなりません。津波や水災害では早期避難、特に災害時要配慮者の避難支援が重要です。また、学校での防災教育は、今回の学習指導要領では教科化になりませんでしたが、各教科の中で防災についても学ぶことになっています。私は、防災教育こそが中長期的に災害に強い人材を育て、防災文化を地域に育むために最も重要と考えています。

　これらの対策を進めるにはどうしたら良いでしょうか。それは「人」に尽きます。大災害はほとんどの人が経験したことがありません。その結果、たまたま大災害に遭遇した人は、誰もがその場で一から考え始めることになります。そのとき、どうしたら的確な判断ができるのか、場合によっては法制度や規則に反してでも勇気ある行動がとれるのでしょうか。

　私たちの研究では、地域防災力を高める要素として「事前の取り組み」「リーダーの資質」「関係者間の連携」が必要条件です。そして、すべて「人」に関係します。人のするべきことを事前に計画、実行、訓練すること、リーダーとなる人を発見し育成すること、人と人との関係を強化すること、です。

　危機管理には、一定の知識は不可欠ですが、これでよいというレベルはありません。一生をかけて身に付けていくという性

質のものです。そこでは、知っているか知らないかというレベルでは測ることのできない「人間の質」が問われます。危機時にその場で創意工夫して窮地を脱したり、法制度やマニュアルの奴隷にならない判断力、胆力が試されるからです。「What to do」よりも「How to be」なのです。

 逆にいえば、判断力と人格にすぐれた人ならば、優れた危機管理ができる可能性があります。事実、危機の現場では普通の人が英雄的な行為で危機を脱出する数多くの事例があります。

 それには、過去の災害に学ぶことが一番ではないでしょうか。関東大震災、阪神・淡路大震災、東日本大震災など大災害には汲めども尽きない防災、危機管理の学びの種があります。地域防災の中核は「人」であり、人が学び続け判断力と人格を高めていくことが最も肝要だと考えています。

 関東大震災復興のリーダー、後藤新平が後輩に残した言葉を紹介し、本書のまとめとしたいと思います。

 「よく聞け、金を残して死ぬ者は下だ。仕事を残して死ぬ者は中だ。人を残して死ぬ者は上だ。よく覚えておけ」

 本書は、学陽書房の宮川純一さんとの共同作品です。彼の粘り強い激励と時宜を得た督促がなければ、とても完成しませんでした。ここに深く感謝申し上げます。

【資 料】

わが家の防災スタートブック

■ **非常時持出品**

両手が使えるリュックサックなどに、避難のとき必要なものをまとめて、目につきやすい所に置いておく。

> 携帯電話・スマートフォン・充電器・飲料水・携帯ラジオ・衣類・履物・食料品・マッチやライター・貴重品・懐中電灯・救急セット・雨具（防寒）・チリ紙など生活に欠かせない用品

■ **非常備蓄品**

地震後の生活を支えるもの、一人３日分程度。首都圏や南海トラフ地震被害想定地域は少なくとも１週間以上。

> 【停電に備えて】
> 　LEDランタン・懐中電灯・ローソク（倒れにくいもの）
> 【ガス停止に備えて】
> 　簡易ガスコンロ・固形燃料
> 【断水に備えて】
> 　飲料水（ペットボトル）※一人１日３リットル目安

■ **防災準備品**

地震直後の火災や家屋倒壊に備えるもの。

> 【火災に備えて】
> 　消火器・三角消火バケツ・風呂の水の汲み置きなど
> 【避難・救出に備えて】
> 　おの・ハンマー・スコップ・大バール・防水シート・のこぎりなど

【図表出所一覧】

2-1 地震委員会　主な海溝型地震の評価結果（地震発生確率）より
　　　https://www.jishin.go.jp/evaluation/evaluation_summary/#kaiko_prob
2-2 宮城県南三陸町志津川市街地の津波ハザードマップ
　　　http://www.pref.miyagi.jp/sabomizusi/bousai/img/bou_ht5-1-3.JPG
2-3 国土交通省ＨＰ
　　　http://www.mlit.go.jp/river/pamphlet_jirei/bousai/saigai/kiroku/suigai/suigai_1-1-5.html
2-4 内閣府「原子力委員会パンフレット」
2-7 内閣府『国民生活白書　平成19年版』
3-1 木佐茂男・五十嵐敬喜・保母武彦編『文献の光　集権の影』2003年4月、日本評論社内閣府『災害対策基本法における非常災害発生時の役割について』2002年8月
3-2 東京都防災計画「計画の体系」、東京都ホームページ
　　　http://www.bousai.metro.tokyo.jp/japanese/knowledge/material.html
3-11 http://www.bousai.go.jp/taisaku/chihogyoumukeizoku/pdf/jyuen_guidelines.pdf　3p コラム：業務継続計画（BCP）策定の効果
3-12「地方公共団体のための災害時受援体制に関するガイドライン」平成29年3月内閣府（防災担当）
　　　http://www.bousai.go.jp/taisaku/chihogyoumukeizoku/pdf/jyuen_guidelines.pdf
4-1 内閣府防災担当「地区防災計画ガイドライン（概要）～地域防災力の向上と地域コミュニティの活性化に向けて～」平成26年3月
　　　http://www.bousai.go.jp/kyoiku/pdf/guidline_summary.pdf
4-2 内閣府防災担当「地区防災計画ガイドライン（概要）～地域防災力の向上と地域コミュニティの活性化に向けて～」平成26年3月
　　　http://www.bousai.go.jp/kyoiku/pdf/guidline_summary.pdf
4-7 地域で津波に備える地区防災策定検討委員会「東日本大震災を経験しての地区防災計画の見直し」2018年6月
　　　http://www.bousai.go.jp/kyoiku/chikubousai/pdf/tsunami_kentokai_01_06_20180622.pdf
5-1 内閣府編『防災白書　平成15年版』
　　　http://www.bousai.go.jp/hakusho/h15/BOUSAI_2003/html/zu/index.htm
5-3 日本木造住宅耐震補強事業者協同組合「建築年度別にみる耐震性に関するデータ発表　2019年1月
　　　http://www.mokutaikyo.com/dcms_media/other/tyousa_1901.pdf
7-8 東京都『災害時における検視・検案活動等に関する共通指針（マニュアル）』
9-4 板橋区防災基本条例の概要

【主な参考文献】

[全編にわたるもの]
内閣府編『防災白書』
内閣府防災情報のページ　http://www.bousai.go.jp/
廣井脩『新版　災害と日本人　巨大地震の社会心理』1995年4月、時事通信社
外岡秀俊『地震と社会（上）（下）』1998年7月、みすず書房
中邨章編著『行政の危機管理システム』2000年8月、中央法規出版
望月利男・中林一樹編著『安全・安心の都市づくり』2001年2月、東京都立大学出版会
阪神・淡路大震災教訓情報資料集　http://www.bousai.go.jp/kyoiku/kyokun/hanshin_awaji/data/index.html
FEMAホームページ　http://www.fema.gov
五百旗頭真監修、大西裕編著『災害に立ち向かう自治体間連携』2017年5月、ミネルヴァ書房
鍵屋一『地域防災力強化宣言』2003年10月、ぎょうせい
目黒公郎・村尾修編著『地域と都市の防災』2016年3月、放送大学教育振興会
福和伸夫『次の震災について本当のことを話してみよう。』2017年11月、時事通信社
福和伸夫『必ずくる震災で日本を終わらせないために。』2019年3月、時事通信社

[第1章　防災・危機管理の基本]
防災行政研究会編『逐条解説　災害対策基本法[第三次改訂版]』2016年3月、ぎょうせい
松下圭一『日本の自治・分権』1996年1月、岩波新書
内閣府「防災に関する標準テキスト」http://www.bousai.go.jp/taisaku/jinzai/hyojyun_text.html

[第2章　ハザードと地域の脆弱性]
平田直「首都直下地震」2016年2月、岩波新書
山岡耕春「南海トラフ地震」2016年1月、岩波新書
地震調査研究推進本部ホームページ　https://www.jishin.go.jp/
NHKスペシャル『メルトダウン』取材班『福島第一原発事故　7つの謎』2015年2月、講談社現代新書
「福島第一原子力発電所事故の経過と教訓」東京電力ホームページ　http://www.tepco.co.jp/nu/fukushima-np/outline/

[第3章　地域防災計画と事業継続計画（BCP）]
東京都地域防災計画
東京都震災復興マニュアル
板橋区震災復興マニュアル
大浜啓吉編著『都市復興の法と財政』1997年10月、勁草書房
立命館大学震災復興研究プロジェクト編『震災復興の政策科学』1998年6月、有斐閣
高寄昇三『阪神大震災と生活復興』1999年5月、勁草書房
塩崎賢明・西川榮一・出口俊一・兵庫県震災復興研究センター編『大震災100の教訓』2002年10月、クリエイツかもがわ
公益社団法人 土木学会東日本大震災フォローアップ委員会　地域防災計画特定テーマ委員会「地域防災計画特定テーマ委員会成果の概要（案）」2012年12月　http://committees.jsce.or.jp/2011quake/system/files/gaiyou_ver2.pdf
内閣府（防災担当）「市町村のための業務継続計画作成ガイド〜業務継続に必須な6要素を核とした計画〜」2015年5月、http://www.bousai.go.jp/taisaku/chihogyoumukeizoku/pdf/H27bcpguide.pdf

［第 4 章　地区防災計画とコミュニティ］
西澤 雅道、筒井 智士『地区防災計画制度入門―内閣府「地区防災計画ガイドライン」の解説と Q&A』2014/7/10、NTT 出版
内閣府「地区防災計画モデル事業報告―平成 26 〜 28 年度の成果と課題―」2017 年 3 月
　http://www.bousai.go.jp/kyoiku/chikubousai/pdf/houkokusho.pdf
［第 5 章　命を守る耐震］
目黒公郎・高橋健「既存不適格建物の耐震補強推進策に関する基礎研究」2001 年 11 月
　http://www-msd.civil.tohoku.ac.jp/~EDPRG/mate/meguro0112062.pdf
鍵屋一「木造住宅の耐震補強推進政策に関する基本的考察」2004 年 11 月、地域安全学会論文集 No6
［第 6 章　災害時要配慮者の支援］
内閣府ホームページ　災害時要援護者対策　http://www.bousai.go.jp/taisaku/hisaisyagyousei/youengosya/
災害時要援護者避難支援研究会『高齢者・障害者の災害時の避難支援のポイント』2006 年 8 月、ぎょうせい
鍵屋一、池田真紀『特別養護老人ホームにおける事業継続計画（BCP）のガイドライン作成に関する基礎的研究』2010 年 10 月、地域安全学会論文集 No 13
鍵屋　一、岡橋 生幸『福祉施設の事業継続計画 (BCP) 作成ガイド』2014 年 9 月、東京都保健福祉財団
鍵屋一、他『障害福祉施設の事業継続計画（BCP）作成プロセスの研究―施設職員の災害対応力向上を目指して―』2015 年 11 月、地域安全学会論文集 No 27
東京都社会福祉協議会『災害に強い福祉』要配慮者支援活動事例集（災害時要援護者支援ブックレット 6）2017 年 3 月
［第 7 章　役に立つマニュアルづくり］
貝原俊民『大震災 100 日の記録―兵庫県知事の手記』1995 年 10 月、ぎょうせい
日野宗門「危機管理講座」　消防防災科学センターホームページ　http://www.isad.or.jp/「地震災害応急対応マニュアルのあり方等に関する研究会報告書」2003 年 3 月
鍵屋一「大災害に負けない学校防災マネジメントの在り方―「マニュアル作成、人材教育、多様な連携」を中心に―」『肢体不自由教育　No. 232』2017 年 11 月　社会福祉法人日本肢体不自由児協会
［第 8 章　実践的な防災教育・訓練］
小川和久『ＬＡ危機管理マニュアル』1995 年 7 月、集英社。
務台俊介「米国専門家がみた日本の危機管理」『消防科学と情報』2002 年春号
諏訪清二『防災教育の不思議な力』2015 年 11 月、岩波書店
［第 9 章　防災条例］
田中孝男、木佐茂男編著『自治立法の理論と手法（分権時代の自治体職員 3）』1998 年 11 月、ぎょうせい
武藤博己編著『シリーズ図説・地方分権と自治体改革④　政策形成・政策法務・政策評価』2000 年 11 月、東京法令出版
今井照『新自治体の政策形成』2001 年 9 月、学陽書房
「板橋区防災懇談会最終報告書」2002 年 1 月
鍵屋一「市民参加で制定した板橋区防災基本条例」2007 年 11 月　地学雑誌 /116 巻 (2007) 3-4 号

〔著　者〕　鍵屋　一（かぎや　はじめ）
〔経　歴〕　1956年　秋田県男鹿市生れ。早稲田大学法学部卒業、法政大学大学院政治学専攻修士課程修了、京都大学博士（情報学）
1983年　板橋区入区、福祉部長、危機管理担当部長（兼務）、議会事務局長を経て2015年3月退職
2015年4月から跡見学園女子大学観光コミュニティ学部教授

内閣府「避難所の役割に関する検討委員会座長」「災害時要援護者の避難支援に関する検討会委員」など
内閣府地域活性化伝道師、（一社）福祉防災コミュニティ協会代表理事、NPO法人東京いのちのポータルサイト副理事長、（一社）マンションライフ継続支援協会副理事長、（一社）防災教育普及協会理事など

〔著　書〕
『地域防災力強化宣言』2003年10月、ぎょうせい
『自治体政策のイノベーション』（共著）2004年2月、ぎょうせい
『災害時の情報伝達・避難支援のポイント』（共著）2005年10月、ぎょうせい
『高齢者・障害者の災害時の避難支援のポイント』（共著）2006年7月、ぎょうせい
『国民がつくる憲法』（共著）2007年9月、自由国民社
『福祉施設の事業継続計画（BCP）作成ガイド』（共著）2014年9月　東京都福祉保健財団
『災害発生時における自治体組織と人のマネジメント』（共著）2018年4月　第一法規

〔連絡先〕　E-mail　kagiya@atomi.ac.jp

図解 よくわかる自治体の地域防災・危機管理のしくみ

初版発行　2019年6月21日

著　者　　　　　　　　　　　　　　　　　　　　　　鍵屋　一
本文デザイン・イラスト　　　　　　　　　　　　　　フェニックス
発行者　　　　　　　　　　　　　　　　　　　　　　佐久間重嘉
発行所　　　　　　　　　　　　　　　　　　　　　　学陽書房

〒102-0072　東京都千代田区飯田橋1-9-3
営業●TEL 03-3261-1111　FAX 03-5211-3300
編集●TEL 03-3261-1112　FAX 03-5211-3301
振替●00170-4-84240
http://www.gakuyo.co.jp/

印刷所　　　　　　　　　　　　　　　　　　　　　　加藤文明社
製本所　　　　　　　　　　　　　　　　　　　　　　東京美術紙工

★乱丁・落丁本は、送料小社負担にてお取り替えいたします。
ⒸHajime Kagiya 2019, Printed in Japan
ISBN 978-4-313-16552-6 C1331

JCOPY　＜出版者著作権管理機構　委託出版物＞
本書の無断複製は著作権法上での例外を除き禁じられています。複製される場合は、そのつど事前に、出版者著作権管理機構（電話03-5244-5088、FAX 03-5244-5089、e-mail: info@jcopy.or.jp）の許諾を得てください。

2040年　自治体の未来はこう変わる！

今井　照著
四六判 並製
本体 1,850円＋税

少子高齢化、ＡＩの到来など課題が山積する中、今後の地域社会はどう変化し、自治体はどうすればよいのか？　現実を冷静に分析し、未来に向けて政策化していくために必要な考え方を、豊富なデータとともに提示する。

地域の価値を高める 新たな官民協働事業のすすめ方
道路、橋梁、上下水道、廃棄物処理施設、病院、高齢者向け施設、住民サービス等へのPPP・PFI・コンセッション等の適用事例

井熊　均・石田直美著
A5判 並製
本体 2,700円＋税

今ある公共施設等の魅力を高めることが、人口減少が本格化する中、自治体間競争に生き残る切り札となる。新たなＰＦＩ・ＰＰＰ・コンセッション等による公共施設の整備の進め方やソフトの充実させる方法を解説する。

事例から学ぶ 実践！自治体法務・入門講座
この1冊で仕事への心構えから、法務知識、実務能力、政策法務まで身につく

吉田　勉著
A5判 並製
本体 2,600円＋税

法務というと難しく考えがちであるが、現実の問題に対処するために条例の立案や法令解釈による問題解決があることがわかる。法務は身近な技術であり、その知識や実務能力が1冊でわかるように平易なことばで解説する。